Oskar Niedermayer
Die öffentliche Meinung zur zukünftigen Gestalt der EU
Bevölkerungsorientierungen in Deutschland
und den anderen EU-Staaten

Analysen zur europäischen Verfassungsdebatte
der ASKO EUROPA-STIFTUNG und des Instituts für Europäische Politik
Band 4

Oskar Niedermayer

Die öffentliche Meinung zur zukünftigen Gestalt der EU

Bevölkerungsorientierungen
in Deutschland und den anderen
EU-Staaten

EUROPA UNION VERLAG

Die Drucklegung dieses Buches wurde von der Europäischen Kommission gefördert.

Niedermayer, Oskar
Die öffentliche Meinung zur zukünftigen Gestalt der EU:
Bevölkerungsorientierungen in Deutschland und den anderen EU-Staaten
Bonn : Europa Union Verlag, 2003
(Analysen zur europäischen Verfassungsdebatte der ASKO EUROPA-STIFTUNG und des Instituts für Europäische Politik ; Bd. 4)
ISBN 3-7713-0614-0

Institut für Europäische Politik, Berlin
© Europa Union Verlag GmbH, Bonn 2003
Verlag: Europa Union Verlag GmbH, Bonn

Satz: Andrea Lehmann
Umschlaggestaltung: faktor E AG, Bonn
Druck: SDV Saarbrücker Druckerei und Verlag GmbH, Saarbrücken

ISBN 3-7713-0614-0

Inhaltsverzeichnis

Verzeichnis der Abbildungen und Tabellen 7
1. Einleitung 11
2. Konnte die EU den Bürgern nahe gebracht werden? 16
3. Was halten die Bürger von einer Reform der Institutionen und der Ausweitung von Mehrheitsentscheidungen? 23
4. Gibt es in den Augen der Bürger ein Demokratiedefizit der EU? 35
5. Wie stehen die Bürger zur Mitgliedschaft ihres Landes in der EU und zum Beitritt neuer Länder? 39
6. In welchen Politikbereichen sollte die EU nach Meinung der Bürger Entscheidungskompetenzen besitzen? 47
7. Fazit 60
8. Literatur 63

Anhang 65

Verzeichnis der Abbildungen und Tabellen

Abbildungen und Tabellen im Text:

Tab. 1:	Unterstützung einer EU-Verfassung (Frühjahr 2002)	12
Abb. 1:	Relevanz des Themenbereichs Europa (1997–2002)	17
Abb. 2:	Subjektives Wissen über die EU (1997–2001)	18
Tab. 2:	Bekanntheit des Konvents über die Zukunft der EU (Frühjahr 2002)	19
Tab. 3:	Kenntnisse über die Haushaltsausgaben der EU (1996–2001)	20
Tab. 4:	Informationsbedürfnisse in Bezug auf die EU (Herbst 2001)	22
Tab. 5:	Unterstützung einer institutionellen Reform vor der Erweiterung der EU (Herbst 2001)	24
Abb. 3:	Netto-Unterstützung einer institutionellen Reform vor der Erweiterung der EU (1997–2001)	25
Tab. 6:	Vertrauen in europäische und nationale Institutionen (Herbst 2001)	26
Tab. 7:	Netto-Vertrauen in europäische und nationale Institutionen (Herbst 2001)	28
Abb. 4:	Netto-Institutionenvertrauen: Europäischer Gerichtshof und Europäisches Parlament (1999–2002)	30
Abb. 5:	Netto-Institutionenvertrauen: Europäische Kommission und Ministerrat der EU (1999–2002)	31
Tab. 8:	Gewünschte Rolle des Europäischen Parlaments (Herbst 2001)	32
Tab. 9:	Unterstützung von zukünftigen Mehrheitsentscheidungen (Herbst 2001)	34
Tab. 10:	Zufriedenheit mit dem Funktionieren der Demokratie im eigenen Land und in der EU (Herbst 2001)	37
Abb. 6:	Netto-Zufriedenheit mit dem Funktionieren der Demokratie in der EU (1993–2001)	38
Abb. 7:	Netto-Unterstützung der EU-Mitgliedschaft des eigenen Landes (1990–2002)	40

Tab. 11:	Unterstützung einer Erweiterung der Europäischen Union (2000–2002)	41
Tab. 12:	Art der Erweiterung der Europäischen Union (Herbst 2001)	42
Tab. 13:	Unterstützung des Beitritts der 13 beitrittswilligen Länder (1996 und 2001)	43
Abb. 8:	Durchschnittliche Netto-Unterstützung des Beitritts der 13 beitrittswilligen Länder (Herbst 2001)	44
Tab. 14:	Befürchtungen bezüglich einer Erweiterung (2001–2002)	45
Abb. 9:	Netto-Unterstützung des Subsidiaritätsprinzips (1996–2001)	48
Abb. 10:	Netto-Unterstützung der Währungsunion (1990-2002)	50
Tab. 15:	Haltung zum Euro (2002)	51
Abb. 11:	Netto-Unterstützung einer gemeinsamen Außenpolitik (1990–2002)	52
Abb. 12:	Netto-Unterstützung einer gemeinsamen Sicherheits- und Verteidigungspolitik (1990–2002)	53
Tab. 16:	Unterstützung einer gemeinsamen Außen-, Sicherheits- und Verteidigungspolitik der EU (Frühjahr 2002)	54
Tab. 17:	Unterstützung von Kompetenzen auf der EU-Ebene (Herbst 2001)	56

Tabellen im Anhang:

Tab. A1: Subjektives Wissen über die EU (Herbst 2001) 67
Tab. A2: Subjektives Wissen über die EU: Beitrittsländer (Herbst 2001) 68
Tab. A3: Bekanntheitsgrad der europäischen Institutionen (Frühjahr 2002) 69
Tab. A4: Bekanntheitsgrad der europäischen Institutionen: Beitrittsländer (Herbst 2001) 70
Tab. A5: Kenntnisse über die Haushaltsausgaben der EU (Herbst 2001) 71
Tab. A6: Informationsverhalten in Bezug auf die EU (Frühjahr 2001) 72
Tab. A7: Informationsverhalten in Bezug auf die EU: Beitrittsländer (Herbst 2001) 73
Tab. A8: Netto-Vertrauen in europäische und nationale Institutionen: Beitrittsländer (Herbst 2001) 74
Tab. A9: Unterstützung der Abwählbarkeit der Kommission durch das Europäische Parlament (Herbst 2001) 75
Tab. A10: Zufriedenheit mit dem Funktionieren der Demokratie in der Europäischen Union (Herbst 2001) 76
Tab. A11: Zufriedenheit mit dem Funktionieren der Demokratie im eigenen Land (Herbst 2001) 77
Tab. A12: Unterstützung der EU-Mitgliedschaft des eigenen Landes (Frühjahr 2002) 78
Tab. A13: Unterstützung der EU-Mitgliedschaft des eigenen Landes: Beitrittsländer (Herbst 2001) 79
Tab. A14: Unterstützung einer Erweiterung der EU (Frühjahr 2002) 80
Tab. A15: Unterstützung des Beitritts der 13 beitrittswilligen Länder (Herbst 2001) 81
Tab. A16: Unterstützung des Subsidiaritätsprinzips (Herbst 2001) 82
Tab. A17: Unterstützung des Euro (Frühjahr 2002) 83
Tab. A18: Netto-Unterstützung von Kompetenzen auf der EU-Ebene (Herbst 2001) 84
Tab. A19: Netto-Unterstützung von Kompetenzen auf der EU-Ebene: Beitrittsländer (Herbst 2001) 87

1. Einleitung

Am 2. Juni 1992 lehnte die dänische Bevölkerung in einem Referendum den Vertrag von Maastricht ab[1]. Spätestens seit diesem Ereignis und der nachfolgenden europaweiten öffentlichen Debatte um eine Legitimitätskrise der Europäischen Union wurde den politischen Eliten der EU bewusst, dass der „permissive consensus" (Lindberg/ Scheingold 1970) in der Bevölkerung – die Haltung des freundlich-desinteressierten Gewährenlassens der elitengesteuerten europäischen Integration durch die Bürgerinnen und Bürger – der Vergangenheit angehörte. Nach dem Erreichen der höchsten Zustimmungsraten zur EU Ende der Achtzigerjahre, hatte die Erosion der Unterstützung schon Ende 1991 begonnen und setzte sich bis Mitte der Neunzigerjahre fort[2]. Gerade die Deutschen, die bis Mitte der Achtzigerjahre durchaus als EU-Musterknaben gelten konnten, zeigten danach meist unterdurchschnittliche Unterstützungsraten (Niedermayer 1994a).

In der zweiten Hälfte der Neunzigerjahre kehrte sich der negative Trend jedoch europaweit wieder um, und die Zustimmung zur Europäischen Union stieg allmählich wieder an. Breite Zustimmung unter den Bürgerinnen und Bürgern erfährt nach der Jahrtausendwende das ehrgeizige Projekt einer Verfassung für die EU, das der Vorsitzende des Ende 2001 mit der ‚Erklärung von Laeken' vom Europäischen Rat einberufenen ‚Konvents über die Zukunft der Europäischen Union', Valérie Giscard d'Estaing, verfolgt[3]: Etwa zwei Drittel sowohl der Deutschen als auch der Bevölkerung der Europäischen Union insgesamt[4] befürworten eine EU-Verfassung, dagegen ist nur etwa jeder

---

1 Im gleichen Jahr befürworteten mehr als zwei Drittel der Iren den Vertrag, während er in Frankreich nur mit einer äußerst knappen Mehrheit angenommen wurde. In den anderen Mitgliedstaaten der Europäischen Union wurde der Vertrag von Maastricht allein von den nationalen Parlamenten ratifiziert.
2 In den Gründerstaaten begann die Europabegeisterung schon früher abzuflauen (vgl. Niedermayer 1998). Zu den Faktoren, die die Entwicklung der Orientierungen gegenüber der EU beeinflussen – weltpolitische Ereignisse, Elitenorientierungen, nationenspezifischer Kontext, Erfahrungen mit der EU, Werte/Normen, Politikinvolviertheit und Sozialstruktur – vgl. Niedermayer 1991.
3 In der Erklärung der Staats- und Regierungschefs wird das Ziel des Konvents weit weniger ambitioniert formuliert: Hiernach hat der Konvent – als Vorbereitung der im Jahre 2004 anstehenden Regierungskonferenz – die Aufgabe, „die wesentlichen Fragen zu prüfen, welche die künftige Entwicklung der Union aufwirft, und sich um verschiedene mögliche Antworten zu bemühen".
4 Die Werte für die Europäische Union insgesamt stellen im Folgenden jeweils mit den Bevölkerungszahlen der einzelnen Mitgliedstaaten gewichtete EU-Durchschnitte dar, so dass ein realistisches Bild der gesamten EU-Bevölkerung entsteht.

Zehnte (vgl. Tabelle 1). In allen Mitgliedstaaten der EU außer Dänemark ist mittlerweile eine absolute Mehrheit der Bevölkerung für eine Verfassung, die Verfassungsgegner bilden nur noch in Dänemark und Finnland mit jeweils 28 Prozent eine relativ große Gruppe. Die mit Abstand größte Netto-Unterstützung[5] erfährt das Projekt einer EU-Verfassung in Italien.

Tab. 1: Unterstützung einer EU-Verfassung (Frühjahr 2002)
„Sind Sie der Meinung, dass die Europäische Union eine Verfassung haben sollte, oder nicht?"
(Angaben in Prozent; Index der Netto-Unterstützung)

	B	DK	D	GR	E	F	IRL	I
Ja	60	49	65	68	58	59	55	81
Nein	15	28	11	15	9	8	6	4
Weiß nicht	24	23	25	17	33	33	40	15
Netto-Unterstützung	45	21	54	53	49	51	49	77

	L	NL	A	P	FIN	S	UK	EU
Ja	71	73	62	57	54	73	50	63
Nein	11	13	12	5	28	10	11	10
Weiß nicht	19	14	26	38	19	17	39	27
Netto-Unterstützung	60	60	50	52	26	63	39	53

Quelle: eigene Berechnungen (EB 57).

Bedeutet dies, dass die Europäische Union mittlerweile den Bürgern näher gebracht werden konnte – eine Forderung, die schon seit Jahr-

---

5 Dort, wo die Bevölkerungsorientierungen in Form der Befürwortung/Ablehnung erfragt wurden, wird zum Vergleich zwischen den verschiedenen Staaten oder zum Aufzeigen zeitlicher Entwicklungen statt nur des Prozentsatzes der Befürwortung die Differenz zwischen den Prozentsätzen der positiven und der negativen Antworten (Netto-Unterstützung) angegeben. Der Index der Netto-Unterstützung zeigt also das Ausmaß auf, in dem die Zustimmung oder Ablehnung in der Bevölkerung überwiegt. Die Verwendung der Indexwerte erfolgt aufgrund der Überlegung, dass es bei der Interpretation der Ergebnisse einen wesentlichen Unterschied macht, ob einem bestimmten Ausmaß an Zustimmung ein hohes Ausmaß an expliziter Ablehnung gegenübersteht (das die Zustimmung möglicherweise sogar übertrifft) oder ob der Rest der Bevölkerung hierzu keine Meinung besitzt.

zehnten erhoben wird und vom Europäischen Rat in der Erklärung von Laeken erneut als wesentliche Herausforderung formuliert wurde –, und wie sehen die Vorstellungen der Bürger über die konkrete zukünftige Gestalt der EU aus? Diese Fragen soll die folgende Analyse der Bevölkerungsorientierungen beantworten, wobei Deutschland im Mittelpunkt stehen wird, aber immer auch ein Vergleich mit den anderen Mitgliedsländern der EU sowie – dort, wo die Datenlage es zulässt – der Bevölkerung der beitrittswilligen Staaten[6] erfolgt.

Hauptdatenquelle für die hier präsentierten Ergebnisse sind die seit dem Herbst 1973 halbjährlich im Auftrag der Europäischen Kommission in allen Mitgliedstaaten der Europäischen Union durchgeführten repräsentativen Bevölkerungsumfragen („Eurobarometer", im Folgenden: EB)[7]. Daneben werden einige nur in Deutschland durchgeführte Umfragen berücksichtigt. Zur Strukturierung der Analyse werden verschiedene Objekte politischer Orientierungen unterschieden[8].

Politische Orientierungen ermöglichen den Bürgerinnen und Bürgern den Umgang mit der politischen Realität. Sie sind unterschiedlicher Art und beziehen sich auf eine Vielzahl von Objekten. Orientierungsobjekte können sowohl die Strukturen eines – subnationalen, nationalen oder supranationalen – politischen Systems, d. h. das politische Ordnungsmodell und die in diesem Rahmen politisch handelnden Akteure, als auch die inhaltlichen Handlungsergebnisse in Form konkreter politischer Entscheidungen und deren Folgen sein. Die strukturelle Dimension lässt sich untergliedern in Orientierungen

– gegenüber der eigenen politischen Rolle, wozu insbesondere die Relevanz von Politik sowie das politische Interesse und Wissen gehören;

---

6 Mittlerweile zählen hierzu: Bulgarien (BU), Estland (ES), Lettland (LE), Litauen (LI), Malta (MA), Polen (PO), Rumänien (RU), Slowakei (SK), Slowenien (SN), die Tschechische Republik (TR), die Türkei (TÜ), Ungarn (UN) und Zypern (ZY).
7 Die Umfrageergebnisse werden in Berichten veröffentlicht, die in gedruckter Form (vgl. Europäische Kommission, div. J.) verfügbar sind. In jedem Land werden etwa 1000 Personen befragt (Deutschland: je 1000 in West- und Ostdeutschland, Luxemburg 600, Großbritannien 1000, Nordirland 300). Die jeweils neuesten Daten sind auch im Internet verfügbar (http://europa.eu.int/comm/public_opinion). Mit einer gewissen Zeitverzögerung werden die Umfragedaten auch der Wissenschaft für Sekundäranalysen zur Verfügung gestellt. Da für unsere Analyse vor allem die neuesten Daten relevant sind, konnte nur auf die publizierten Berichte zurückgegriffen werden. Von der Frühjahrsumfrage 2002 lagen zum Zeitpunkt der Manuskriptfertigstellung nur erste ausgewählte Ergebnisse vor.
8 Die Konzeptualisierung der Orientierungsobjekte lehnt sich an ein zur Analyse von Bevölkerungsorientierungen gegenüber nationalen politischen Systemen entwickeltes Schema an (vgl. hierzu Niedermayer 2001).

- gegenüber dem politischen Führungspersonal, also den individuellen politischen Entscheidungsträgern;

- gegenüber den politischen Institutionen, also den (Verfassungs-)Organen, intermediären Institutionen und (verfassungs-)rechtlichen Verfahrensregeln;

- gegenüber der gesamten politischen Ordnung, also in demokratischen politischen Systemen gegenüber der Idee der Demokratie und ihren Prinzipien im Allgemeinen, der Demokratiekonzeption des spezifischen politischen Systems und seiner demokratischen Performanz;

- gegenüber der politischen Gemeinschaft, wozu die Haltung zur territorialen Begrenzung der jeweiligen Gemeinschaft und zu den Mitbürgern im Rahmen dieser Gemeinschaft zählen.

Die Bürgerorientierungen gegenüber den politischen Inhalten können zunächst nach Politikbereichen getrennt betrachtet werden. Innerhalb einzelner Bereiche lässt sich dann weiter differenzieren in Orientierungen gegenüber

- der Extensität von Politik (welche Bereiche sollen überhaupt durch politische Entscheidungen auf der Ebene des jeweiligen politischen Systems geregelt werden),

- der durch politische Entscheidungen erfolgenden (Um-)Verteilung von Gütern und Dienstleistungen und

- den durch politische Entscheidungen vorgegebenen Verhaltensregeln.

Zur Beantwortung der beiden eingangs gestellten Fragen müssen allerdings nicht alle Orientierungsobjekte im Detail analysiert werden. Dies ist weder theoretisch notwendig noch empirisch machbar, weil zu einigen Bereichen keine Daten vorliegen.

Die Frage, ob die EU mittlerweile den Bürgern näher gebracht werden konnte, zielt auf die Orientierungen gegenüber der eigenen politischen Rolle ab. In diesem Bereich können wir auf der Basis des vorhandenen Datenmaterials Aussagen zur Wichtigkeit des Themas ‚Europa' für die Bürger, zur subjektiven Einschätzung ihres Wissens über die EU, zu ihrem objektiven Wissen und zu ihrem Informationsbedürfnis machen. Dies ist Gegenstand des nächsten Abschnitts. Die Frage nach den Vorstellungen der Bürger in Bezug auf die zukünftige Gestalt der EU lässt sich – auch im Einklang mit den zentralen Aufgaben und Problemfeldern des Konvents[9] und der damit eng verbundenen Frage der EU-Erweiterung – aufschlüsseln in vier Teilfragen, die unterschiedlichen Orientierungsobjekten, nämlich den Orientierungen gegenüber dem Institutionensystem der EU, ihrer gesamten politischen Ordnung, der territorialen Dimension der durch sie gebildeten politischen Gemeinschaft und der Extensität europäischer Politik, zugeordnet werden können:

- Was halten die Bürger von einer Reform der Kompetenzverteilung und der Entscheidungsregeln auf EU-Ebene?
- Gibt es in den Augen der Bürger ein Demokratiedefizit der EU?
- Wie stehen die Bürger zur Mitgliedschaft ihres Landes in der EU und zum Beitritt neuer Länder?
- In welchen Politikbereichen sollte die EU nach Meinung der Bürger Entscheidungskompetenzen besitzen?

Auf diese vier Fragen wird in den Abschnitten 3 bis 6 eingegangen. Zuvor soll jedoch analysiert werden, wie die Bürgerinnen und Bürger ihre eigene Rolle in Bezug auf die europäische Politikebene definieren.

---

9   Zum Konvent vgl. z.B. Steppacher/Margedant 2002, Wessels 2002 und Zimmermann-Steinhart 2002.

2. Konnte die EU den Bürgern nahe gebracht werden?

Europa gehörte in den gesamten Neunzigerjahren nicht zu den Themenbereichen, denen die deutschen Bürgerinnen und Bürger eine besonders hohe Relevanz zugemessen haben, wenn auch in der zweiten Hälfte des Jahrzehnts eine leichte Steigerung erkennbar ist. Bis 1997 war Europa unter den zehn Themen, die bei der Frage nach den wichtigsten Problemen von den Bürgern am häufigsten genannt wurden, so gut wie nie vertreten[10]. Im Umfeld der Diskussionen um den Vertrag von Amsterdam wurde jedoch die Medienberichterstattung über Europa verstärkt, und im Juni 1997, als der Vertrag von den Staats- und Regierungschefs der EU beschlossen wurde und das Thema hohe Medienaufmerksamkeit erlangte, nahm es in der Wichtigkeitsrangfolge kurzfristig den zweiten Rang ein, allerdings sehr weit hinter der Arbeitslosigkeit, die als wichtigstes Thema sechsmal so viel Nennungen verzeichnete. Nach einem zwischenzeitlichen deutlichen Rückgang erlangte die EU Anfang 1998 erneut mehr Aufmerksamkeit und rückte im Umfeld des Beschlusses vom 2. Mai 1998 über den Eintritt in die dritte Stufe der Wirtschafts- und Währungsunion wiederum – und wieder mit sehr großem Abstand zur Arbeitslosigkeit – kurzfristig auf den zweiten Platz vor.

Danach versank das Thema bei den Bürgern jedoch sofort wieder in seine übliche relative Bedeutungslosigkeit: Es war seit 1999 unter den zehn wichtigsten Themen entweder gar nicht vertreten oder nahm – mit drei bis sieben Prozent der Nennungen – einen der letzten Plätze ein, und selbst auf dem Höhepunkt des Streites um die Abwendung des ‚Blauen Briefs' der Europäischen Kommission an Deutschland wegen des hohen Haushaltsdefizits Anfang 2002 hielt sich die Wichtigkeit des EU-Themas für die deutsche Bevölkerung in engen Grenzen (vgl. Abb. 1).

---

10 Die Frage wurde offen gestellt („Was ist Ihrer Meinung nach gegenwärtig das wichtigste Problem in Deutschland? Und was ist ein weiteres wichtiges Problem?"), d. h. die Befragten konnten ohne Antwortvorgaben bis zu zwei Themen nennen.

Abb. 1: Relevanz des Themenbereichs Europa (1997–2002)
(Angaben in Prozent; keine Säule: EU nicht unter den 10 wichtigsten Themen)

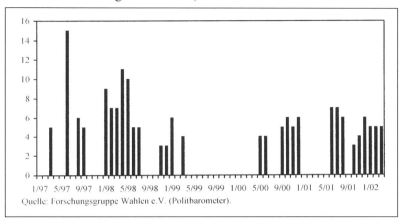

Fragt man die Bürgerinnen und Bürger nach dem Ausmaß an Wissen über die Europäische Union, das sie ihrer eigenen Einschätzung nach besitzen, so ist fast ein Drittel der Meinung, recht viel darüber zu wissen, einige wenige sagen, sie wüssten sehr viel darüber, die Hälfte der Bürger gibt an, ein wenig zu wissen und jeder Zehnte sagt, er weiß (fast) nichts darüber (vgl. Tab. A1). Damit liegen die Deutschen in der subjektiven Einschätzung ihres Wissens über die EU schon seit 1997, wo diese Frage in der heute noch verwendeten Form zum ersten Mal gestellt wurde, deutlich über dem EU-Durchschnitt (vgl. Abb. 2), denn insgesamt gibt nur etwa ein Viertel an, recht viel über die EU zu wissen (vgl. Tab. A1). Allerdings ist das subjektive Ausmaß an Wissen zwischen den Bevölkerungen der einzelnen Mitgliedstaaten sehr unterschiedlich: Während in Österreich 44 Prozent angeben, recht viel bzw. sehr viel über die EU zu wissen und dieser Anteil auch in Dänemark, Deutschland, den Niederlanden und Finnland über ein Drittel der Befragten ausmacht, schätzt nur etwa ein Sechstel der Briten, Spanier und Portugiesen das subjektive Wissen so hoch ein.

Der subjektive Kenntnisstand in diesen drei EU-Mitgliedstaaten wird von den meisten beitrittswilligen Ländern übertroffen. Im Schnitt gibt mehr als ein Fünftel der Bevölkerung aus den dreizehn Beitrittsländern an, recht viel oder sehr viel über die EU zu wissen (vgl. Tab. A2) – ein Ausfluss der öffentlichen Diskussionen in diesen Ländern über die Vor- und Nachteile eines EU-Beitritts.

Abb. 2: Subjektives Wissen über die EU (1997–2001)
(Angaben in Prozent)

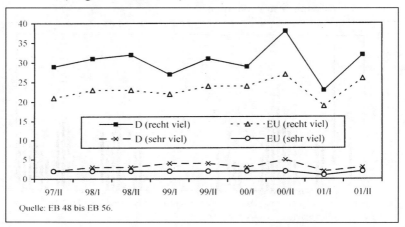

Quelle: EB 48 bis EB 56.

Vergleicht man jedoch das subjektive mit dem objektiven Wissen über die EU, dann trübt sich das Bild deutlich ein, und zwar sogar schon dann, wenn der bloße Bekanntheitsgrad der europäischen Institutionen gestützt abgefragt wird – eine Art von Wissensfrage, die auf eine Maximierung der positiven Antworten zielt[11]. Am bekanntesten ist in Deutschland das Europäische Parlament, gefolgt von der Europäischen Zentralbank, dem Europäischen Gerichtshof, der Europäischen Kommission, dem Rechnungshof und dem Ministerrat, von dem nur gut die Hälfte der Befragten jemals etwas gehört hat (vgl. Tab. A3). Damit unterscheiden sich die Deutschen in der Reihenfolge des Bekanntheitsgrads etwas vom europäischen Durchschnitt: Auch in der gesamten EU ist zwar das Europäische Parlament am bekanntesten, auf dem zweiten Platz folgt jedoch die Kommission, und der Ministerrat ist deutlich bekannter als in Deutschland. Vom Europäischen Ombudsmann, dem Ausschuss der Regionen oder dem Wirtschafts- und Sozialausschuss hat jedoch nur etwa ein Drittel der Befragten in der EU jemals etwas gehört. Der höchste durchschnitt-

---

11 Die Frage lautet: „Haben Sie schon einmal etwas gehört oder gelesen über ...?" Dann werden den Befragten die einzelnen Institutionen genannt, d. h. die Befragten müssen von der Institution nur dem Namen nach irgendwann schon einmal etwas gehört haben, und sie bekommen die einzelnen Institutionen explizit genannt. Sinnvoller zur Ermittlung des wirklichen Bekanntheitsgrades der einzelnen Institutionen wäre eine ungestützte Abfrage in der Form, dass man die Befragten ohne Vorgaben bittet anzugeben, welche Institutionen es auf der europäischen Ebene gibt.

liche Bekanntheitsgrad der europäischen Institutionen ist in Luxemburg zu verzeichnen, was nicht verwundert, da dort einige der Institutionen ihren Sitz haben. Am wenigsten bekannt ist das EU-Institutionensystem im Vereinigten Königreich (vgl. Tab. A3).

In den beitrittswilligen Ländern sind die europäischen Institutionen generell weniger bekannt. Den Spitzenplatz nimmt auch hier das Europäische Parlament ein, gefolgt von der Kommission, der Zentralbank und dem Ministerrat (vgl. Tab. A4).

Die wesentlichen EU-Institutionen Parlament, Kommission, Rat, Gerichtshof, Rechnungshof und – mit Abstrichen – Zentralbank bestehen schon so lange, dass die Wahrscheinlichkeit, jemals von ihnen gehört zu haben, auch bei an europäischer Politik nur mäßig interessierten Personen relativ hoch ist. Anders ist dies mit dem Konvent über die Zukunft der Europäischen Union, der erst am 1. März 2002 seine Arbeit aufnahm. Obwohl der Konvent in diesem Zeitraum durchaus einige Medienaufmerksamkeit erregte, gab im April 2002 nur ein Fünftel der Deutschen an, schon einmal etwas über ihn gehört oder gelesen zu haben (vgl. Tab. 2). Auch hier war der Bekanntheitsgrad in Luxemburg am höchsten, aber auch in allen anderen Ländern außer dem Vereinigten Königreich war er höher als in Deutschland. Möglicherweise hat hier die im September 2002 bevorstehende Bundestagswahl und ihre innenpolitische Thematik schon die politische Aufmerksamkeit der Deutschen absorbiert.

Tab. 2: **Bekanntheit des Konvents über die Zukunft der EU (Frühjahr 2002)**
„Haben Sie schon einmal etwas gehört oder gelesen über ... ?"
U.a.: „den Konvent zur Zukunft der Europäischen Union"
(Angaben in Prozent)

	B	DK	D	GR	E	F	IRL	I
Ja	35	39	21	39	42	32	32	26

	L	NL	A	P	FIN	S	UK	EU
Ja	48	28	41	47	34	28	14	28

Quelle: EB 57.

Ein Beispiel für eine etwas anspruchsvollere Frage zum Wissen über die Europäische Union ist die Frage danach, wofür der größte Teil des EU-

Haushalts ausgegeben wird: Ein Viertel der Deutschen weiß auf diese Frage gar nichts zu sagen, und nur etwa ein Siebtel nennt die richtige Antwort, nämlich die Gemeinsame Agrarpolitik, die im EU-Haushalt 2001 etwa 45 Prozent der Ausgaben ausmachte (vgl. Tab. 3). Dagegen glaubt ein Drittel der Befragten, die EU würde am meisten für Verwaltungs-, Personal- und Gebäudekosten ausgeben, ein Haushaltstitel, der in Wahrheit nur 5 Prozent der EU-Ausgaben ausmacht.

In zwei Dritteln der EU-Mitgliedstaaten ist die relative Mehrheit der Bevölkerung der Auffassung, dass die Verwaltungsausgaben den größten Anteil der EU-Ausgaben ausmachen, in einem guten Viertel der Länder erscheinen die Ausgaben für die europäischen Sozialfonds an zweiter Stelle, die Gemeinsame Agrarpolitik als richtige Antwort wird im europäischen Durchschnitt nur von einem Siebtel der Befragten genannt (vgl. Tabelle A5). Dies zeigt, dass in diesem Bereich noch deutliche Wissenslücken und Fehleinschätzungen bestehen, wobei gerade das Vorurteil über die hohen Verwaltungsausgaben der EU von den nationalen Medien immer wieder geschürt wird.

Tab. 3: Kenntnisse über die Haushaltsausgaben der EU (1996-2001)
„Wofür wird Ihrer Meinung nach der größte Teil des Haushalts der Europäischen Union ausgegeben?".
(Angaben in Prozent; geordnet nach den Angaben in Deutschland 2001)

	Deutschland			Europäische Union		
	97	99	01	97	99	01
Kosten für Verwaltung, Personal, Gebäude	38	33	32	33	26	25
Gemeinsame Agrarpolitik	11	16	15	17	17	14
Europäische Sozialfonds	6	5	8		7	12
Hilfe für die Regionen	11	6	8	9	7	8
Hilfe für Mittel- und Osteuropa	12	9	8	6	5	5
Hilfe für Länder der Dritten Welt	5	5	6	6	6	7
Sonstiges (spontan)	2	1	2	2	1	2
Weiß nicht	17	25	20	22	31	27

Quelle: EB 45, EB 51, EB 56.

Die Daten sowohl über die Relevanz der europäischen Ebene als auch über das objektive Wissen in Bezug auf das Institutionensystem und die Haushaltsausgaben der Europäische Union deuten darauf hin, dass die Europäische Union kein zentrales Orientierungsobjekt der Bevölkerung darstellt. Für die Europäer sind die ihnen vertrauten nationalstaatlichen politischen Systeme immer noch die primären Bezugspunkte der Herausbildung politischer Orientierungen, und werden es wohl auch noch einige Zeit bleiben.

Bedeutet dies, dass die Bürgerinnen und Bürger an der EU vollkommen desinteressiert sind und vor allem, dass die Bevölkerungsorientierungen gegenüber den verschieden spezifischen europäischen Orientierungsobjekten, die wir in den folgenden Abschnitten analysieren wollen, unerheblich – weil zufallsbedingt und unstrukturiert – sind? Die Antwort lautet klar: Nein. Es muss zunächst beachtet werden, dass die Politik insgesamt für den Normalbürger einen geringen Stellenwert hat[12] und das Interesse für europäische Politik sich so gut wie nicht vom allgemeinen politischen Interesse unterscheidet, wie die Eurobarometerumfragen bis zur Mitte der Neunzigerjahre belegen (Niedermayer 1998; spätere Daten existieren nicht). Auf diesem Hintergrund ist die Tatsache, dass über die Hälfte der Deutschen und sogar zwei Drittel der Bevölkerung der EU-Mitgliedstaaten insgesamt und fast vier Fünftel in den Beitrittsländern im Allgemeinen die Medienberichterstattung über die Europäische Union ‚sehr' bzw. ‚etwas aufmerksam' verfolgen (vgl. Tab. A6 und A7) kein Ausweis mangelnden Interesses; eher im Gegenteil. Zudem beklagt etwa ein Viertel der Deutschen und auch der Europäer insgesamt, dass der Berichterstattung über Angelegenheiten der Europäischen Union in den Massenmedien (viel) zu wenig Platz eingeräumt würde (vgl. Tab. 4), was durchaus als Ausweis eines über die angebotenen Informationen hinausgehenden Informationsbedürfnisses gesehen werden kann.

Des Weiteren haben die bisherigen empirischen Analysen der verschiedenen Arten von Orientierungen der Bevölkerung gegenüber der Europäischen Union gezeigt, dass diese keineswegs willkürlich und unstrukturiert sind[13]. Die Lehre aus den Analysen dieses Abschnitts kann daher nicht sein, den Bevölkerungsorientierungen im Rahmen

---

12 Nach der Wichtigkeit von acht verschiedenen Lebensbereichen gefragt, verweisen die Deutschen die Politik auf den zweitletzten Platz (Niedermayer 2001: 25).
13 Vgl. z.B. die in Niedermayer/Sinnott 1995 enthaltenen Beiträge.

der Weiterentwicklung der europäischen Integration keine Beachtung mehr zu schenken. Dies verbietet sich zudem sowohl aus allgemeindemokratietheoretischen Erwägungen heraus als auch durch die Tatsache, dass die Bevölkerung in einigen Mitgliedstaaten über Referenda zuweilen deutlichen Einfluss auf den Gang der europäischen Integration nimmt.

Tab. 4: Informationsbedürfnisse in Bezug auf die EU (Herbst 2001)

„Ihrer Meinung nach: Wird der Berichterstattung über die Angelegenheiten der Europäischen Union viel zu viel Platz eingeräumt, zu viel, gerade richtig, zu wenig oder viel zu wenig Platz. Wie ist das in den Nachrichten ... im (nationalen) Fernsehen, ... in (nationalen) Tageszeitungen, ... der (nationalen) Radiosender?"
(Angaben in Prozent; F = Fernsehen, T = Tageszeitungen, R = Radio)

	Deutschland			Europäische Union		
	F	T	R	F	T	R
(Viel) zu viel	14	11	8	16	12	9
Gerade richtig	55	56	52	53	53	46
(Viel) zu wenig	25	23	28	24	19	23
Weiß nicht	7	10	13	7	16	22

Quelle: EB 56.

3. Was halten die Bürger von einer Reform der Institutionen und der Ausweitung von Mehrheitsentscheidungen?

Eine Lehre kann jedoch aus der bisherigen Analyse gezogen werden: Gerade im Bereich der äußerst komplexen und intransparenten institutionellen Strukturen und Entscheidungsprozesse der EU kann nicht erwartet werden, dass die Bürgerinnen und Bürger klare Vorstellungen zu den verschiedenen, ins Einzelne gehenden Reformalternativen haben. Daher wird auch sinnvollerweise meist gar nicht der Versuch gemacht, die Orientierungen gegenüber Detailfragen der horizontalen Kompetenzverteilung zwischen den verschiedenen EU-Institutionen und ihrer möglichen Neustrukturierung sowie zur Reform der Entscheidungsverfahren zu erfragen. Lediglich zur vieldiskutierten Frage von Kompetenzerweiterungen des Europäischen Parlaments und zur allgemeinen Unterstützung zukünftiger Mehrheitsentscheidungen lassen sich Daten finden.

In der Notwendigkeit einer – wie auch immer gearteten – Institutionenreform vor einer erneuten EU-Erweiterung ist sich die Bevölkerung allerdings mit den politischen Eliten in den Mitgliedstaaten einig: Mit Ausnahme von Belgien vertritt die absolute Mehrheit in allen EU-Mitgliedstaaten die Meinung, vor der Erweiterung der Europäischen Union durch die Aufnahme neuer europäischer Länder müsse die Europäische Union die Arbeitsweise ihrer Institutionen reformieren. Lediglich ein Siebtel der Europäer ist gegen eine solche Reform (vgl. Tab. 5). Wie der Verlauf der Netto-Unterstützung einer Institutionenreform von 1997 bis 2001 zeigt, ist dies sowohl in Deutschland als auch in der EU insgesamt ein stabiles Orientierungsmuster (vgl. Abbildung 3).

Tab. 5: Unterstützung einer institutionellen Reform vor der Erweiterung der EU (Herbst 2001)

"Wenn Sie jetzt einmal an die Erweiterung der Europäischen Union durch die Aufnahme neuer europäischer Länder denken, stimmen Sie dann den folgenden Aussagen eher zu oder eher nicht zu?"

U.a.: "Die Europäische Union muss die Arbeitsweise ihrer Institutionen reformieren, bevor neue Mitgliedsländer aufgenommen werden".

(Angaben in Prozent)

	B	DK	D	GR	E	F	IRL	I
Dafür	44	68	53	67	51	58	57	56
Dagegen	27	18	17	11	12	17	8	17
Weiß nicht	29	14	30	22	37	25	35	27
Netto-Unterstützung	17	50	36	56	39	41	49	39

	L	NL	A	P	FIN	S	UK	EU
Dafür	64	57	54	60	55	71	58	56
Dagegen	18	18	20	9	21	12	11	15
Weiß nicht	18	25	26	31	24	17	31	29
Netto-Unterstützung	46	39	34	51	34	59	47	41

Quelle: eigene Berechnungen (EB 56).

Abb. 3: Netto-Unterstützung einer institutionellen Reform vor der Erweiterung der EU (1997-2001)

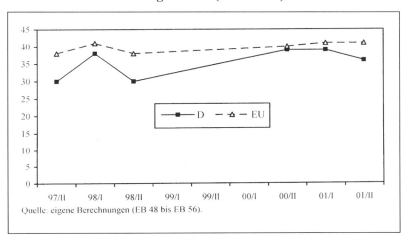

In welche Richtung eine solche Institutionenreform gehen soll, darüber lassen sich auf indirektem Wege erste Hinweise gewinnen, wenn man sich die Verteilung des Vertrauens in die verschiedenen EU-Institutionen ansieht. Unter den fünf wichtigsten EU-Institutionen, die einer Mehrheit der Deutschen bekannt sind (vgl. das Kapitel 2), genießt der Europäische Gerichtshof das größte Vertrauen, gefolgt von der Europäischen Zentralbank (vgl. Tab. 6). Erst danach kommen das Europäische Parlament, der Rechnungshof, die Kommission und der Ministerrat. Die Deutschen schenken somit ihr Vertrauen am stärksten denjenigen Institutionen, die mit der Sicherstellung der Einhaltung allgemeiner Regelungen befasst und kontroversen tagespolitischen Diskussionen eher entzogen sind.

Dies entspricht durchaus auch der Struktur des Vertrauens in nationale politische Institutionen, wie in Tabelle 6 anhand des großen Vertrauens in die Polizei und die Justiz deutlich wird. Auch andere Analysen des Vertrauens in die nationalen Institutionen zeigen dieses Muster (Niedermayer 2001, Kap. 2.3): Den rechtsstaatlichen Institutionen (Bundesverfassungsgericht, Gerichtsbarkeit allgemein, Polizei) wird ein deutlich größeres Vertrauen entgegengebracht als den parteienstaatlichen Institutionen (Bundestag, Bundesregierung), die in die kontroversen tagespolitischen Diskussionen einbezogen sind und Entscheidungen treffen, die nahezu immer zugleich Befürworter und

Gegner finden. Da es den Bürgern gerade bei den parteienstaatlichen Institutionen schwer fällt, zwischen der Institution als solcher und ihren momentanen, durch das parteipolitische Kräfteverhältnis bestimmten Repräsentanten zu unterscheiden, ist es nicht verwunderlich, dass das Vertrauen in diese Institutionen im Bevölkerungsdurchschnitt schwächer ausgeprägt ist, da die Gegner der momentanen Regierungsmehrheit den von ihr dominierten Institutionen eher misstrauen als vertrauen.

Tab. 6: Vertrauen in europäische und nationale Institutionen (Herbst 2001)
„Ich möchte nun gerne von Ihnen wissen, wie viel Vertrauen Sie in bestimmte Institutionen haben. Sagen Sie mir bitte für jede der folgenden Institutionen, ob Sie ihr eher vertrauen oder eher nicht vertrauen. Wie ist es mit ..."
(Angaben in Prozent; v = eher vertrauen, nv = eher nicht vertrauen, w.n. = weiß nicht; geordnet nach dem Index des Netto-Vertrauens[1] (NV) in Deutschland)

	Deutschland				Europäische Union			
	v	nv	w.n.	NV	v	nv	w.n.	NV
Europäischer Gerichtshof	61	19	20	42	50	21	29	29
Europäische Zentralbank	56	23	21	33	50	23	27	27
Europäisches Parlament	55	25	20	30	58	24	18	34
Europäischer Rechnungshof	48	25	27	23	39	22	39	17
Europäische Kommission	42	32	26	10	50	25	25	25
Ministerrat der EU	37	28	35	9	43	26	31	17

Fortsetzung der Tabelle auf der nächsten Seite

Fortsetzung von Tab. 6:

	Deutschland				Europäische Union			
	v	nv	w.n.	NV	v	nv	w.n.	NV
Wirtschafts- und Sozialausschuss	32	26	42	6	33	22	45	11
Ausschuss der Regionen	28	25	47	3	30	22	48	8
Europäischer Ombudsmann	20	21	59	-1	31	21	48	10
Nationale Polizei	74	20	6	54	67	28	5	39
Justiz/nat. Rechtssystem	61	33	6	28	51	42	7	9
Nationales Parlament	52	38	10	14	51	39	10	12
Nationale Regierung	47	43	10	4	48	44	8	4

1) Berechnung wie in Anm. 5 erläutert.
Quelle: eigene Berechnungen (EB 56).

Im europäischen Durchschnitt ist die Struktur des Institutionenvertrauens etwas anders: Hier steht das Europäische Parlament klar an der Spitze, erst danach kommen der Gerichtshof und die Zentralbank, die Kommission, der Rechnungshof und der Ministerrat, wobei allerdings ein Drittel der Mitgliedstaaten im Einklang mit Deutschland den Europäischen Gerichtshof an die erste Stelle setzt (vgl. Tab. 7). Betrachtet man die Stärke des Vertrauens in die europäischen Institutionen in den einzelnen EU-Mitgliedsländern, so hebt sich ein Land eindeutig von allen anderen Ländern ab: das Vereinigte Königreich. Während in allen anderen Ländern das Vertrauen in alle europäischen Institutionen – von ganz wenigen Ausnahmen abgesehen – deutlich größer ist als das Misstrauen, sind die Briten in dieser Frage gespalten, und in Bezug auf den Ministerrat überwiegt sogar deutlich das Misstrauen (vgl. Tab. 7).

Tab. 7: **Netto-Vertrauen in europäische und nationale Institutionen (Herbst 2001)**
„Ich möchte nun gerne von Ihnen wissen, wie viel Vertrauen Sie in bestimmte Institutionen haben. Sagen Sie mir bitte für jede der folgenden Institutionen, ob Sie ihr eher vertrauen oder eher nicht vertrauen. Wie ist es mit ..."
(Index des Netto-Vertrauens; Reihenfolge nach dem EU-Durchschnitt)

	B	DK	D	GR	E	F	IRL	I
Europäisches Parlament	47	23	30	42	45	35	61	59
Europäischer Gerichtshof	34	55	42	28	28	20	51	32
Europäische Zentralbank	32	36	33	24	26	21	50	42
Europäische Kommission	35	14	10	31	41	30	53	49
Europäischer Rechnungshof	21	5	23	18	22	16	34	27
Ministerrat der EU	27	12	9	30	35	17	45	36
Nationale Polizei	12	81	54	30	30	18	48	42
Nationales Parlament	18	49	14	30	19	3	15	-2
Justiz/nat. Rechtssystem	-22	61	28	40	-3	-16	32	-11
Nationale Regierung	9	29	4	4	16	-7	10	-6

Fortsetzung der Tabelle auf der nächsten Seite

Fortsetzung von Tab. 7

	L	NL	A	P	FIN	S	UK	EU
Europäisches Parlament	59	40	27	38	24	20	0	34
Europäischer Gerichtshof	64	52	31	33	42	31	1	29
Europäische Zentralbank	54	54	30	35	35	22	0	27
Europäische Kommission	48	40	16	39	19	8	2	25
Europäischer Rechnungshof	39	34	19	30	12	1	-9	17
Ministerrat der EU	47	33	13	22	11	12	-13	17
Nationale Polizei	45	39	60	15	78	51	36	39
Nationales Parlament	53	43	21	17	22	35	4	12
Justiz/nat. Rechtssystem	29	29	51	-24	43	37	14	9
Nationale Regierung	53	48	4	10	26	17	-6	4

Quelle: eigene Berechnungen (EB 56).

In der Struktur des Institutionenvertrauens der Bevölkerungen der Beitrittsländer wird der Zentralbank ein etwas geringerer Stellenwert zugemessen, ansonsten unterscheidet sie sich nicht vom EU-Durchschnitt (vgl. Tab. A8).

In den letzten drei Jahren hat das Vertrauen der Europäerinnen und Europäer in die zentralen politischen Institutionen Parlament, Gerichtshof, Kommission und Rat deutlich zugenommen (vgl. Abb. 4 und Abb. 5). Noch stärker als im europäischen Durchschnitt ist das Institutionenvertrauen in Deutschland angestiegen: Im Vertrauen zum

Europäischen Gerichtshof lag Deutschland schon 1999 deutlich über dem EU-Durchschnitt, wobei sich die Schere bis 2002 noch weiter geöffnet hat, das Vertrauen zum Europäischen Parlament lag 1999 jedoch deutlich unter dem EU-Durchschnitt und liegt 2002 erstmals knapp darüber (vgl. Abb. 4). Noch gravierender ist die Entwicklung in Bezug auf den Ministerrat und vor allem die Kommission: Bei beiden Institutionen überwog in Deutschland bis zum Frühjahr 2001 das Misstrauen, heute überwiegt klar das Vertrauen, auch wenn der EU-Durchschnitt noch nicht erreicht wird (vgl. Abb. 5).

Die schlechten Vertrauenswerte für die Europäische Kommission im Frühjahr 1999 sind sicherlich auf die schwerwiegenden Anschuldigungen (Betrug, Missmanagement und Nepotismus) gegen die damalige Kommission unter dem Präsidenten Jacques Santer zurückzuführen, die zu – abgelehnten – Misstrauensanträgen gegen die Kommission im Europäischen Parlament, zur Einsetzung eines Untersuchungsausschusses unabhängiger Sachverständiger und letztlich im März 1999 zum geschlossenen Rücktritt aller Kommissionsmitglieder führten. Möglicherweise hat dieser Skandal auch das Vertrauen der Bevölkerungen der EU-Staaten in die anderen europäischen Institutionen in negativer Weise beeinflusst.

Abb. 4: Netto-Institutionenvertrauen: Europäischer Gerichtshof und Europäisches Parlament (1999–2002)

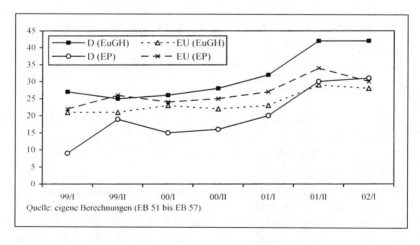

Ist das erreichte Vertrauensniveau groß genug, um davon ausgehen zu können, dass die Bürgerinnen und Bürger dem Institutionensystem der EU ausreichend Legitimität zumessen? Die Frage lässt sich – je nach Bewertungsmaßstab – unterschiedlich beantworten. Einerseits wird für demokratische politische Systeme ein gewisses Maß an Vertrauen der Bevölkerung zu den wichtigen politischen Institutionen sowohl aus demokratietheoretisch-normativer als auch aus systemfunktionaler Sicht für unverzichtbar gehalten, andererseits existiert bis heute kein empirisch bestimmbares Maß dafür, wie hoch dieses Vertrauen sein muss[14].

Abb. 5: Netto-Institutionenvertrauen: Europäische Kommission und Ministerrat der EU (1999–2002)

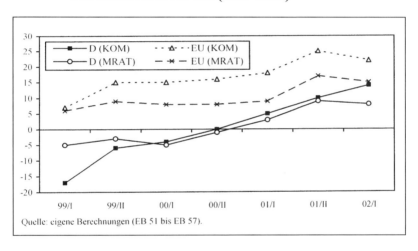

Eines macht die bisherige Analyse jedoch deutlich: Es ist sehr unwahrscheinlich, dass sich die europäischen Bürgerinnen und Bürger einer europäischen Institutionenreform widersetzen würden, die derjenigen Institution mehr Kompetenzen einräumt, der sie am stärksten vertrauen: dem Europäischen Parlament. Dies wird durch die wenigen

---

14 Einen Hinweis auf ein ausreichend hohes europäisches Institutionenvertrauen liefert die Tatsache, dass das Vertrauen in die beiden Institutionen, die auf europäischer und nationaler Ebene noch am ehesten vergleichbar sind, nämlich Parlament und Gerichtshof/Justiz, auf europäischer Ebene im Schnitt höher ist als auf nationaler Ebene (vgl. Tab. 7).

neueren Daten zur Frage der Parlamentarisierung der EU bestätigt[15]: So möchten 36 Prozent der Deutschen und 43 Prozent aller Europäer, dass das Europäische Parlament im Institutionensystem der EU generell eine wichtigere Rolle spielt, als dies zur Zeit der Fall ist (vgl. Tab. 8), und der spezifische Vorschlag, dem Europäischen Parlament die Kompetenz einzuräumen, den Kommissionspräsidenten und die Kommissare durch ein Misstrauensvotum abzuwählen, wird von drei Vierteln der Deutschen und einem guten Drittel der Europäer insgesamt unterstützt (vgl. Tab. A9). Zwar ist das Ausmaß der Unterstützung bei diesen beiden Fragen in den einzelnen Mitgliedstaaten durchaus unterschiedlich, in keinem einzigen Land ist jedoch der Anteil der Gegner auch nur annähernd so groß wie der Anteil der Befürworter.

Es kann daher davon ausgegangen werden, dass eine institutionelle Reform der EU, die zu einer Stärkung des Parlaments im Rahmen der Kompetenzverteilung zwischen den Institutionen führt, die mehrheitliche Unterstützung der europäischen Bürgerinnen und Bürger besitzt.

Tab. 8: **Gewünschte Rolle des Europäischen Parlaments (Herbst 2001)**
„Möchten Sie persönlich, dass das Europäische Parlament eine wichtigere oder eine weniger wichtige Rolle spielt, als dies zur Zeit der Fall ist"?
(Angaben in Prozent)

	B	DK	D	GR	E	F	IRL	I
Wichtigere Rolle	49	33	36	58	48	43	33	62
Weniger wichtige Rolle	9	18	15	6	6	8	5	4
spontan: gleiche Rolle	25	36	25	17	23	29	31	18
Weiß nicht	17	13	24	19	24	21	32	17

Fortsetzung der Tabelle auf der nächsten Seite

---

15 Zur Haltung der Europäer gegenüber einer Parlamentarisierung der EU anfangs der Neunzigerjahre vgl. Niedermayer 1994b.

Fortsetzung von Tab. 8

	L	NL	A	P	FIN	S	UK	EU
Wichtigere Rolle	39	47	30	61	36	40	24	43
Weniger wichtige Rolle	10	12	17	3	14	16	18	11
spontan: gleiche Rolle	36	24	27	14	32	25	19	23
Weiß nicht	15	17	26	23	18	18	40	24

Quelle: EB 53.

Weit weniger eindeutig fällt die Haltung der Europäer zur Frage der zukünftigen Entscheidungsverfahren auf europäischer Ebene aus: Danach gefragt, wie denn nach der geplanten Erweiterung die Entscheidungen der EU getroffen werden sollen, spricht sich in den letzten zwei Jahren die relative Mehrheit der Europäer für Mehrheitsentscheidungen aus, wobei die Frageformulierung (durch „die Mehrheit" der Mitgliedstaaten) eine Entscheidung durch die einfache, nicht durch eine qualifizierte Mehrheit nahelegt. Allerdings ist der Anteil derer, die einstimmige Entscheidungen befürworten, mit fast zwei Fünfteln der Befragten noch hoch, und in einigen Ländern bildet diese Gruppe sogar die Mehrheit (vgl. Tab. 9). Die Deutschen standen bis vor kurzem den Mehrheitsentscheidungen skeptischer gegenüber als der EU-Durchschnitt, haben sich in ihrer Meinungsverteilung mittlerweile aber angeglichen.

Tab. 9: Unterstützung von zukünftigen Mehrheitsentscheidungen (Herbst 2001)

„Nach der geplanten Erweiterung der Europäischen Union wird die Zahl der Mitgliedstaaten von 15 auf mehr als 25 ansteigen. Wie sollten dann Ihrer Meinung nach die Entscheidungen der Europäischen Union getroffen werden?"

(Angaben in Prozent; Index der Netto-Unterstützung)

	B	DK	D	GR	E	F	IRL	I
Einstimmig von allen Mitgliedstaaten	32	31	40	63	41	34	33	44
Durch die Mehrheit der Mitgliedstaaten	56	63	48	33	42	49	40	44
Weiß nicht	12	6	12	4	17	17	28	12
Netto-Unterstützung von Mehrheitsentscheidungen	24	32	8	-30	1	15	7	0

	L	NL	A	P	FIN	S	UK	EU
Einstimmig von allen Mitgliedstaaten	34	24	47	41	35	35	39	39
Durch die Mehrheit der Mitgliedstaaten	55	65	39	35	55	57	42	46
Weiß nicht	11	11	14	23	11	9	19	15
Netto-Unterstützung von Mehrheitsentscheidungen	21	41	-8	-6	20	22	3	7

Quelle: eigene Berechnungen (EB 56).

4. Gibt es in den Augen der Bürger ein Demokratiedefizit der EU?

Wie schon bei den Orientierungen der Bevölkerung gegenüber den einzelnen politischen Institutionen, besteht in der empirischen Demokratieforschung auch grundsätzlich Einigkeit darüber, dass ein Mangel an politischer Unterstützung der gesamten politischen Ordnung durch die Bürger erstens dem normativen Selbstverständnis der Demokratie als einer durch die Zustimmung der Bürger legitimierten Herrschaftsordnung widerspricht und zweitens die längerfristige Stabilität und Leistungsfähigkeit eines politischen Systems gefährdet. Spätestens seit der Transformation der primär mit ökonomischen Kompetenzen ausgestatteten EG zur mit weiterreichenden Entscheidungskompetenzen ausgestatteten EU gilt diese Argumentation auch für die europäische Ebene. Über das konkrete Ausmaß an positiven Orientierungen, das einem demokratischen System angemessen bzw. für seinen Fortbestand notwendig ist, gibt es allerdings keinen Konsens.

Die Beurteilung wird zudem dadurch erschwert, dass es für eine Analyse der Bevölkerungsorientierungen gegenüber der demokratischen politischen Ordnung sinnvoll erscheint, drei verschiedene Objektebenen zu unterscheiden: die Werteebene, die sich auf die Idee der Demokratie als politische Ordnungsform im Allgemeinen und auf normative Vorstellungen darüber, wie eine demokratische Staatsform im Einzelnen aussehen sollte, bezieht, die Strukturebene, die sich auf die durch die jeweiligen konstitutionellen Normen festgelegte, konkrete Ausformung einer demokratischen Regierungsform bezieht und die Performanzebene, die sich auf das Funktionieren der Demokratie und ihren aktuellen Zustand bezieht (Fuchs 1997).

Für die Beurteilung der politischen Ordnung der EU liegen Daten nur zur dritten Ebene vor, d.h. die Bürgerinnen und Bürger werden gefragt, ob sie mit der Art und Weise, wie die Demokratie in der Europäischen Union funktioniert, zufrieden sind oder nicht. Die Deutschen sind in dieser Frage gespalten, im europäischen Durchschnitt ist der Anteil der Zufriedenen höher als der Anteil der Unzufriedenen (vgl. Tab A10). Hier ist eine Durchschnittsbetrachtung jedoch nicht aussagekräftig, da sich die Meinungsverteilung in den einzelnen Staaten sehr stark unterscheidet: In einem Drittel der EU-Mitgliedsländer – allen voran Irland – herrscht eine sehr große Zufriedenheit, fast ein Drittel ist wie

Deutschland in dieser Frage gespalten, und in zwei Ländern – Finnland und Schweden – überwiegt sehr deutlich die Unzufriedenheit.

Sind diese Ergebnisse als empirischer Beleg dafür zu werten, dass die Bürger der EU ein gravierendes Demokratiedefizit bescheinigen, sodass von der Bevölkerungsseite her ein massiver Druck zur Demokratisierung der EU ausgeht? Mangels eines allgemein akzeptierten Maßstabs, der uns Auskunft darüber gibt, welches Niveau an (Un-)Zufriedenheit ein gravierendes Demokratiedefizit anzeigt, und angesichts der extrem unterschiedlichen Orientierungen in den einzelnen Mitgliedstaaten ist diese Frage in der vorliegenden Form nicht zu beantworten. Wir können nur drei Dinge sagen: Erstens sagen die vorgestellten Daten nur etwas über die Performanzebene aus, und diese Ebene erhält, wie Analysen zu den Bürgerorientierungen gegenüber der nationalen politischen Ordnung zeigen (Niedermayer 2001), von den drei unterschiedenen Orientierungsebenen die geringste Unterstützung. Zweitens lässt sich die Beurteilung des Funktionierens der Demokratie in der EU durch die Bürger mit deren Beurteilung des Funktionierens der jeweiligen nationalen Demokratie vergleichen (vgl. auch Tab A11). Hier wird zunächst deutlich, dass die Bürger die europäische Ebene durchaus eigenständig beurteilen und nicht einfach ihre Vorstellungen über die nationale Demokratie auf die EU übertragen. Würde eine solche Übertragung stattfinden, dann dürften überall nur geringe Differenzen zwischen der Netto-Zufriedenheit auf den beiden Ebenen auftreten, was jedoch nicht der Fall ist. Tabelle 10 zeigt, dass die beiden Ebenen in den meisten Ländern unterschiedlich beurteilt werden, wobei die Demokratie im eigenen Land nicht immer besser abschneidet als die Demokratie auf der europäischen Ebene. Drittens zeigt eine Längsschnittbetrachtung, dass die Netto-Zufriedenheit mit der Demokratie auf der europäischen Ebene im Zeitablauf zumindest im europäischen Durchschnitt zugenommen hat, sodass von einem immer stärkeren perzipierten Demokratiedefizit kaum gesprochen werden kann (vgl. Abb. 6).

Tab. 10: Zufriedenheit mit dem Funktionieren der Demokratie im eigenen Land und in der EU (Herbst 2001)

„Sind Sie mit der Art und Weise, wie die Demokratie in (unserem Land) funktioniert, alles in allem gesehen sehr zufrieden, ziemlich zufrieden, nicht sehr zufrieden oder überhaupt nicht zufrieden?" „Und wie ist es mit der Art und Weise, wie die Demokratie in der Europäischen Union funktioniert?"
(Index der Netto-Zufriedenheit)

	B	DK	D	GR	E	F	IRL	I
Eigenes Land	31	74	26	-3	32	20	54	-22
Europäische Union	22	2	1	6	29	8	50	6
Differenz	9	72	25	-9	3	12	4	-28
	L	NL	A	P	FIN	S	UK	EU
Eigenes Land	55	45	19	-19	28	46	42	20
Europäische Union	20	12	1	-9	-22	-17	3	6
Differenz	35	33	18	-10	50	63	39	14

Quelle: eigene Berechnungen (EB 56).

Abb. 6: Netto-Zufriedenheit mit dem Funktionieren der Demokratie in der EU (1993–2001)

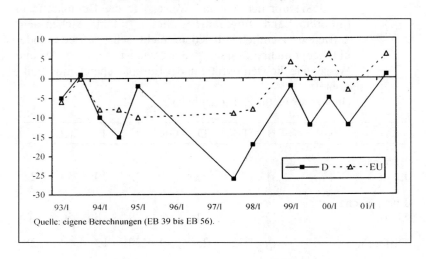

5. Wie stehen die Bürger zur Mitgliedschaft ihres Landes in der EU und zum Beitritt neuer Länder?

Eine umfassende Analyse der Orientierungen der Bürger gegenüber der zukünftigen Gestalt der EU muss im Rahmen der strukturellen Dimension nicht nur die Institutionenstruktur und die politische Ordnung, sondern auch die Frage nach der zukünftigen territorialen Gestalt der Europäischen Union in den Blick nehmen, also insbesondere die Bürgerorientierungen gegenüber der geplanten EU-Osterweiterung betrachten. Bevor wir dies tun, wollen wir uns jedoch der Beurteilung der Mitgliedschaft des eigenen Landes in der EU zuwenden, um Hinweise darauf zu bekommen, ob die Bürger eventuell eine Zukunft der EU ohne ihr eigenes Land befürworten.

Die Deutschen tun dies nicht: Die absolute Mehrheit der Bürgerinnen und Bürger hält die Mitgliedschaft Deutschlands in der EU mittlerweile für eine gute Sache, nur knapp jeder Zehnte ist der Meinung, sie sei eine schlechte Sache, der Rest ist indifferent (vgl. Tab. A12). Damit liegen die Orientierungen der Deutschen wieder knapp über dem EU-Durchschnitt, nachdem Deutschland über die gesamte zweite Hälfte der Neunzigerjahre hinweg unterdurchschnittliche Unterstützungsraten gezeigt hatte[16]. Auch kehrte sich sowohl in Deutschland als auch im europäischen Durchschnitt der negative Trend, der in Bezug auf die Unterstützung der EU-Mitgliedschaft des eigenen Landes über die erste Hälfte der Neunzigerjahre hinweg zu verzeichnen war, in der zweiten Hälfte des Jahrzehnts um (vgl. Abb. 7).

In jedem der fünfzehn EU-Mitgliedsländer überwiegt die positive Beurteilung der EU-Mitgliedschaft des eigenen Landes. In zwei Dritteln der Staaten bilden die Befürworter heute die absolute Mehrheit, in Frankreich wird sie knapp verfehlt, und selbst in den erst 1995 neu hinzugekommenen Ländern Österreich, Finnland und

---

16 Die Bevölkerung der alten Bundesrepublik hatte schon seit der zweiten Hälfte der Achtzigerjahre unterdurchschnittliche Unterstützungsraten gezeigt, und daran änderte sich auch in den Neunzigerjahren nicht viel. Dass die gesamtdeutschen Unterstützungsraten nach der Wiedervereinigung in der ersten Hälfte der Neunzigerjahre im europäischen Durchschnitt lagen, war vor allem auf die anfängliche, jedoch schnell abkühlende Europaeuphorie der Ostdeutschen zurückzuführen (Niedermayer 1994a).

Schweden sowie im europakritischen Vereinigten Königreich sind die Befürworter gegenüber den Gegnern in der Mehrheit (vgl. Tab A12). Insgesamt lässt sich daher sagen, dass die Mitgliedschaft des eigenen Landes in der EU nirgendwo von der Bevölkerung ernsthaft in Frage gestellt wird. In den beitrittswilligen Ländern bilden die Befürworter in mehr als der Hälfte der Staaten die absolute Mehrheit, und auch in den anderen Ländern – mit Ausnahme von Malta – übersteigt der Anteil der positiven Beurteilungen den der negativen deutlich (vgl. Tab. A13).

Eine Erweiterung der EU um neue Länder wird in Deutschland erst in neuerer Zeit von einer relativen Mehrheit unterstützt, noch im Frühjahr 2001 überwog die Ablehnung, und die neuesten Zahlen weisen schon wieder etwas nach unten (vgl. Tab. 11). Im europäischen Durchschnitt haben die Befürworter mittlerweile gerade die absolute Mehrheit erreicht, ähnlich knappe Mehrheiten wie in Deutschland sind in Österreich und dem Vereinigten Königreich zu verzeichnen, und in Frankreich überwiegen die Erweiterungsgegner (vgl. Tab. A14).

Abb. 7: **Netto-Unterstützung der EU-Mitgliedschaft des eigenen Landes (1990–2002)**

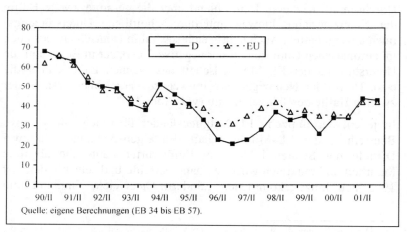

Tab. 11: **Unterstützung einer Erweiterung der Europäischen Union (2000–2002)**
Wie ist Ihre Meinung zu den folgenden Vorschlägen? Bitte sagen Sie mir für jeden Vorschlag, ob Sie dafür oder dagegen sind." U.a.: „Die Erweiterung der Europäischen Union um neue Länder".
(Angaben in Prozent; Indexwerte)

	Deutschland				Europäische Union			
	00/II	01/I	01/II	02/I	00/II	01/I	01/II	02/I
Ja	36	35	47	43	44	43	51	50
Nein	43	42	35	36	35	35	30	30
Weiß nicht	21	23	18	22	21	23	19	20
Netto-Unterstützung	-7	-7	12	7	9	8	21	20

Quelle: eigene Berechnungen (EB 54 bis 57).

Die Frage nach der Befürwortung „der Erweiterung der Europäischen Union um neue Länder" lässt völlig offen, welche Länder damit gemeint sind. Etwas präziser ist die Frage, ob die EU um alle beitrittswilligen Länder oder nur um einige von ihnen erweitert werden soll. Hier sind die Deutschen überwiegend der Meinung, die EU sollte nur um einige der beitrittswilligen Länder erweitert werden, und auch im europäischen Durchschnitt bilden die Befürworter dieser Alternative die relative Mehrheit, wenn auch nicht so stark wie in Deutschland (vgl. Tab 12).

Tab. 12: Art der Erweiterung der Europäischen Union (Herbst 2001)
„Welche dieser drei Möglichkeiten für die unmittelbare Zukunft der Europäischen Union würden Sie bevorzugen?" (Angaben in Prozent)

	D	EU
Die Europäische Union sollte um alle Länder, die beitreten möchten, erweitert werden	15	24
Die Europäische Union sollte nur um einige der Länder, die beitreten möchten, erweitert werden	47	39
Die Europäische Union sollte um keine weiteren Länder erweitert werden	22	20
Keine dieser Möglichkeiten / weiß nicht	15	17

Quelle: EB 56.

Welche Länder die Deutschen damit meinen, wenn sie sagen, die EU sollte um einige der beitrittswilligen Länder erweitert werden, zeigt Tab. 13. Die mit Abstand größte Unterstützung für seinen Beitrittswunsch erfährt Ungarn, und zwar von Anfang an[17]. Hierfür ist wahrscheinlich auch die Erinnerung der Deutschen an die positive Rolle Ungarns während der Systemtransformation der DDR maßgeblich. Relative Mehrheiten fanden sich 1996 noch für Malta und Tschechien, der Beitritt aller anderen möglichen Beitrittskandidaten wurde mehrheitlich abgelehnt. Im Jahre 2001 ist die Ablehnung bei Estland, Lettland und Zypern in eine sehr knappe Zustimmung umgeschlagen, der Beitritt aller anderen Länder, insbesondere der von Slowenien, der Türkei, Bulgarien und Rumänien, aber auch mit knapper Mehrheit der von Litauen, Polen und der Slowakei, wird weiterhin abgelehnt.

Im europäischen Durchschnitt ist Malta der Spitzenreiter, gefolgt von Ungarn. Deutlich größere Zustimmung als in Deutschland erfahren Zypern und Polen, dessen EU-Beitritt mehrheitlich befürwortet wird. Auch der Beitritt Litauens und der Slowakei wird befürwortet, aller-

---

17 Im Frühjahr 1996 wurde zum ersten Mal eine Liste möglicher Beitrittsländer abgefragt.

dings – im Verein mit Estland und Lettland – mit äußerst knappen Mehrheiten, während – im Einklang mit der deutschen Haltung – der EU-Beitritt von Slowenien, Bulgarien, Rumänien und insbesondere der Türkei mehrheitlich abgelehnt wird (vgl. Tab. 13).

Tab. 13: Unterstützung des Beitritts der 13 beitrittswilligen Länder (1996 und 2001)

„Sagen Sie mir bitte für jedes der folgenden Länder, ob Sie dafür oder dagegen wären, dass es Teil der EU wird." (Angaben in Prozent; Index der Netto-Unterstützung (NU); Frühjahr 1996 und Herbst 2001; Länderreihenfolge nach den Indexwerten für Deutschland 2001)

	Deutschland					Europäische Union				
	Dafür	Dageg.	W. nicht	NU 2001	NU 1996	Dafür	Dageg.	W. nicht	NU 2001	NU 1996
Ungarn	57	29	14	28	26	50	30	20	20	21
Malta	46	32	22	14	12	51	28	21	23	21
Tschechien	46	38	16	8	2	45	34	21	11	8
Estland	42	39	19	3	-11	40	38	22	2	-3
Lettland	42	39	19	3	-7	39	38	23	1	-1
Zypern	40	37	23	3	-11	46	33	21	13	7
Litauen	40	41	19	-1	-11	39	38	23	1	-3
Polen	42	44	14	-2	-11	47	34	19	13	16
Slowakei	38	43	19	-5	-11	40	38	22	2	-3
Slowenien	31	48	21	-17	-25	37	40	23	-3	-9
Türkei	31	53	16	-22	-12	34	46	20	-12	-8
Bulgarien	30	52	18	-22	-26	38	40	22	-2	-5
Rumänien	25	57	18	-32	-39	36	43	21	-7	-4

Quelle: eigene Berechnungen (EB 56).

Diese Ergebnisse machen deutlich, dass die politischen Akteure der Europäischen Union selbst in Bezug auf einige der zehn Beitrittskandidaten, die aus heutiger Sicht in naher Zukunft EU-Mitglied werden sollen[18], bei ihren Bevölkerungen noch viel Überzeugungsarbeit leisten müssen, um sich deren Unterstützung zu sichern.

Diese Feststellung gilt gerade auch für Deutschland: Bildet man, um einen Eindruck von der generellen Haltung der Bevölkerung der einzelnen EU-Mitgliedstaaten gegenüber einer maximalen Osterweiterung der EU zu erhalten, den Durchschnitt der Netto-Unterstützung über alle 13 beitrittswilligen Länder hinweg, so werden die Unterschiede zwischen den einzelnen EU-Staaten deutlich (vgl. Abb. 8 und Tab A15). Deutschland gehört mit Belgien, Österreich und Frankreich zu den vier EU-Staaten, die einer solchen maximalen Osterweiterung im Schnitt eher negativ gegenüberstehen, wobei bei den Franzosen die Ablehnung besonders deutlich wird. In sechs anderen Ländern überwiegt im Schnitt die Zustimmung nur mäßig und ein Drittel der EU-Staaten befürwortet die maximale Erweiterung stärker, wobei in dieser Gruppe Schweden den ersten Rang einnimmt.

Abb. 8: Durchschnittliche Netto-Unterstützung des Beitritts der 13 beitrittswilligen Länder (Herbst 2001)

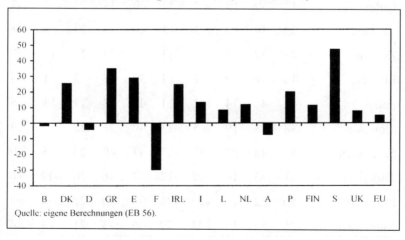

18 Gedulden müssen sich noch Rumänien und Bulgarien, die Türkei hat den Status als EU-Kandidat, mit dem Land sind jedoch noch keine Beitrittsverhandlungen aufgenommen worden.

Tabelle 14 vermittelt einen Eindruck davon, warum die Deutschen der EU-Osterweiterung relativ skeptisch gegenüberstehen: Sie erwarten weit mehr als der Durchschnitt der Europäer gravierende Nachteile im wirtschaftlichen Bereich. Zwei Drittel der Deutschen gegenüber noch nicht einmal der Hälfte der Europäer insgesamt erwarten, dass bei einer EU-Erweiterung Zusatzkosten auf die jetzigen Mitgliedsländer zukommen werden, über die Hälfte der Deutschen erwartet ein Ansteigen der Arbeitslosigkeit in Deutschland und die Mehrheit ist auch der Meinung, dass Deutschland dann weniger finanzielle Hilfe von der EU erhalten wird. Auf die möglichen Folgen für sie ganz persönlich angesprochen, befürchten gut drei Fünftel der Deutschen in neuester Zeit, dass die bevorstehende EU-Osterweiterung ihre persönlichen Lebensumstände eher verschlechtern wird.

Tab. 14: Befürchtungen bezüglich einer Erweiterung (2001–2002)
(Angaben in Prozent)

	D	EU
„Wenn Sie jetzt einmal an die Erweiterung der Europäischen Union durch die Aufnahme neuer europäischer Länder denken, stimmen Sie dann den folgenden Aussagen eher zu oder nicht?" (Herbst 2001)		
Die Erweiterung wird keine Zusatzkosten für die jetzigen Mitgliedsländer wie z.B. Deutschland bedeuten (Ablehnung der Aussage!)	65	48
Wenn erstmal neue Länder beigetreten sind, wird Deutschland weniger finanzielle Hilfe von der Europäischen Union erhalten	55	48
Je mehr Mitgliedsländer es gibt, umso höher wird die Arbeitslosigkeit in Deutschland sein	51	38
Nach der Erweiterung durch neue Länder wird (Deutschland) eine weniger wichtige Rolle in Europa spielen	40	38
„Wenn Sie an die kommenden Jahre denken, glauben Sie dass die bevorstehende Osterweiterung der EU ihre persönlichen Lebensumstände eher verbessern oder eher verschlechtern wird?" (Januar 2002)		
Verbessern	18	-
Verschlechtern	61	-
Weder noch	21	-

Quelle: Herbst 2001: EB 56; Januar 2002: Infratest dimap, Deutschlandtrend, 1/2002.

Mit der Analyse der Haltungen zur Erweiterung ist die Untersuchung der Bevölkerungsorientierungen gegenüber den Strukturen des zukünftigen politischen Systems der EU abgeschlossen, und wir wenden uns zum Schluss den Politikinhalten zu.

6. In welchen Politikbereichen sollte die EU nach Meinung der Bürger Entscheidungskompetenzen besitzen?

Mit den Verträgen von Maastricht, Amsterdam und Nizza hat die EU ihre Politikkompetenzen weit über die in den Gründungsverträgen angesprochenen ökonomischen Politikfelder hinaus ausgedehnt. Mittlerweile ist die vertikale Kompetenzordnung der EU, d.h. die Kompetenzverteilung zwischen der nationalen und der EU-Ebene, ein kompliziertes Geflecht, in dem „die Kompetenzen der verschiedenen Handlungsträger vielfältig aufeinander bezogen und miteinander verknüpft sind" (von Bogdandy/Bast 2001: 445). Zur Strukturierung dieses komplexen Bereichs lassen sich die Kompetenzen nach der Art und Weise klassifizieren, wie sich die Existenz und Ausübung einer EU-Kompetenz auf mitgliedstaatliche Zuständigkeiten auswirken. Danach lassen sich unterscheiden (vgl. ebd.: 447ff.):

— ausschließliche Kompetenzen der EU, bei denen die bloße Existenz der entsprechenden Kompetenznorm mitgliedstaatliches Handeln in diesem Bereich verbietet;

— nicht-ausschließliche Kompetenzen der EU, die in zwei Unterkategorien differenziert werden können: (1) konkurrierende Kompetenzen, bei denen autonome nationale Regelungen solange möglich sind, wie die EU von ihren Kompetenzen keinen Gebrauch gemacht hat, und (2) parallele Kompetenzen, bei denen die Kompetenzausübung durch die EU nicht dazu führt, dass eine eigenständige nationale Rechtsetzung im gleichen Bereich verboten ist;

— ausschließliche Kompetenzen der Mitgliedstaaten.

Gemäß der Erklärung von Laeken gehört es zu den wesentlichen Aufgaben des Konvents zur Zukunft der Europäischen Union, die bestehende Kompetenzordnung zu überdenken und transparenter zu gestalten. Welche Kompetenzordnung die Bürgerinnen und Bürger befürworten, soll im Folgenden analysiert werden. Zuvor ist jedoch noch auf einen anderen Aspekt einzugehen: Neben den Kompetenzen als zugewiesene Handlungsbefugnisse existieren kompetenznormübergreifende Maßstabsnormen, die das ‚Wie' ihrer rechtmäßigen Ausübung regeln. Eine wesentliche Norm dieser Art ist das

Subsidiaritätsprinzip[19], das in den Eurobarometer-Umfragen wie folgt operationalisiert wird: „Wie ist Ihre Meinung zu den folgenden Vorschlägen? Bitte sagen Sie mir für jeden Vorschlag, ob Sie dafür oder dagegen sind." U.a.: „Dass die Europäische Union für jene Fragen und Probleme zuständig sein sollte, die nicht effektiv durch die nationalen, regionalen und kommunalen Regierungen gelöst werden können". Das so formulierte Subsidiaritätsprinzip wird von zwei Dritteln der Deutschen wie auch der Europäer insgesamt befürwortet (vgl. Tab. A16), wobei die Deutschen in den letzten fünf Jahren in der Netto-Unterstützung dieses Prinzips immer über dem EU-Durchschnitt lagen (vgl. Abb. 9). Mit Ausnahme des Vereinigten Königreichs ist die absolute Mehrheit in allen EU-Mitgliedstaaten dafür, sodass von der EU-Bevölkerung hier eine klare und einhellige Unterstützung ausgeht.

Abb. 9: Netto-Unterstützung des Subsidiaritätsprinzips (1996–2001)

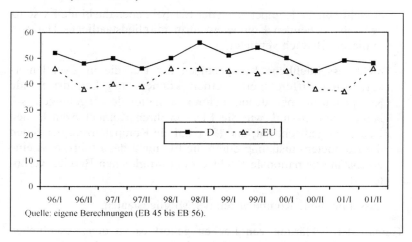

---

19 Vgl. Art. 5 EGV und seine Konkretisierung seit dem Amsterdamer Vertrag durch das Protokoll über die Anwendung der Grundsätze der Subsidiarität und der Verhältnismäßigkeit.

Wenden wir uns nun der Analyse der von der Bevölkerung gewünschten Entscheidungskompetenzen auf der europäischen Ebene zu. Die am Anfang vorgenommene differenzierte Klassifizierung der Kompetenzen kann in Bevölkerungsumfragen nur äußerst schwer vermittelt werden. Den Befragten wird daher entweder eine einfache Dichotomie vorgegeben, d. h. sie werden gefragt, ob bestimmte Politikbereiche auf der nationalen Ebene oder gemeinsam innerhalb der Europäischen Union entschieden werden sollten, oder sie werden gebeten anzugeben, ob sie für oder gegen eine gemeinsame Politik der Mitgliedstaaten der Europäischen Union in einem bestimmten Politikbereich sind.

Der Politikbereich, der vor allem in der ersten Hälfte der Neunzigerjahre die größte Aufmerksamkeit erfahren hat, war die Währungsunion (Niedermayer 1995, 1998). Die öffentliche Diskussion im Umfeld des Maastrichter Vertrags und des dänischen Referendums hat ökonomische Kosten/Nutzen-Erwägungen im Zusammenhang mit Europa bei den Bürgern verstärkt aktualisiert und die Kostenseite zunehmend in den Vordergrund gerückt. Dies umso mehr, als zum einen die stark auf die ökonomische Dimension des Vertrages bezogene Medienberichterstattung unter dem Motto ‚die nationale Währung in Gefahr' die vorhandenen Besorgnisse und Ängste in Bezug auf eine Währungsunion noch vertiefte und zum anderen eine negative ökonomische Entwicklung einsetzte und Ende 1992 auch noch deutliche Währungsturbulenzen auftraten.

Daher ging die Unterstützung einer Ersetzung der verschiedenen Währungen der Mitgliedsländer durch eine einzige gemeinsame Währung im Rahmen einer Europäischen Wirtschafts- und Währungsunion in den Anfangsjahren europaweit deutlich zurück. Während in Europa insgesamt die Befürworter einer gemeinsamen Währung gegenüber ihren Gegnern aber immer in der Mehrheit blieben, erreichte der Unterstützungsrückgang in Deutschland dramatische Ausmaße, und die Gegner des Euro waren noch bis Ende 1997 stärker als die Befürworter (vgl. Abb. 10).

Seither hat sich das Blatt jedoch gewendet, und nach seiner Einführung als gesetzliches Zahlungsmittel im Januar 2002 haben zwei Drittel der Deutschen ihren Frieden mit der gemeinsamen Währung gemacht, wie die verschiedenen nationalen Umfragen zeigen (vgl. Tabelle 15). Daran änderte auch die vor allem im Mai/Juni 2002 zu einer vorübergehend hohen Relevanz des Themas in den Augen der

Bevölkerung führende Mediendiskussion um den ‚Teuro' prinzipiell nichts. Zwar ging der Anteil derer, die die Einführung des Euro gut finden, deutlich zurück, fast drei Viertel der Deutschen glauben aber, dass der Euro langfristig eine erfolgreiche Währung sein wird. In der gesamten Euro-Zone[20] wird die gemeinsame Währung und damit eine EU-Kompetenz in der Geldpolitik mittlerweile von drei Vierteln der Bürger unterstützt, und in jedem einzelnen Mitgliedsland bilden die Befürworter die absolute Mehrheit (vgl. Tab. A17). Die gemeinsame Währung ist daher bei der EU-Bevölkerung kaum noch umstritten. Allerdings gehört Deutschland, zusammen mit Frankreich und Finnland, immer noch zu den Ländern mit der geringsten Euro-Unterstützung.

Abb. 10: Netto-Unterstützung der Währungsunion (1990–2002)
(Indexwerte)

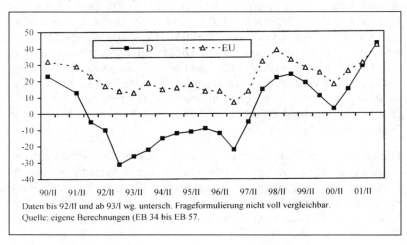

Daten bis 92/II und ab 93/I wg. untersch. Frageformulierung nicht voll vergleichbar.
Quelle: eigene Berechnungen (EB 34 bis EB 57).

---

20 Dänemark, Schweden und das Vereinigte Königreich nehmen an der Europäischen Währungsunion nicht teil.

Tab. 15: Haltung zum Euro (2002)
(Angaben in Prozent)

	Jan	Jun
„Die Einführung des Euro als gemeinsame europäische Währung finde ich"		
Gut	69	46
Nicht gut	27	51
Keine Angaben	4	3
„Sind Sie für oder gegen die einheitliche europäische Währung?"		
Dafür	61	
Dagegen	19	
Egal/unentschieden	20	
„War die Einführung des Euro eine richtige Entscheidung gewesen?"		
Richtig	65	
Falsch	31	
Keine Angaben	3	
„Glauben Sie, dass der Euro langfristig eine erfolreiche Währung sein wird?"		
Ja		71
Nein		22
Weiß nicht		7

Quellen: Euro gut, erfolgreich: Forschungsgruppe Wahlen e.V., Politbarometer 1/2002 und 6/2002; Euro dafür: Institut für Demoskopie Allensbach, IfD-Umfrage 7016; Euro richtig: Emnid (ntv-Sendung: 1. Februar 2002).

Die außen- und sicherheitspolitische Dimension des Maastrichter Vertrags stieß bei den Europäern von Anfang an auf mehr Unterstützung. Wohl nicht zuletzt auch deutlich beeinflusst vom Bürgerkrieg in Jugoslawien, stieg die Nettounterstützung der Bürger für eine gemeinsame Außen- und Sicherheitspolitik im Rahmen der EU zwischen 1990 und 1993 kontinuierlich an. Auch wenn in den Jahren danach ein leichter Rückgang zu verzeichnen war, blieb die Unterstützung jedoch sehr hoch, wobei die Unterstützungsraten in Deutschland immer über dem EU-Durchschnitt lagen (vgl. Abb. 11 und 12). Heute sind drei Viertel der Deutschen und zwei Drittel der Europäer insgesamt für eine gemeinsame Außenpolitik der EU. In jedem Mitgliedsland außer dem in dieser Frage gespaltenen Vereinigten Königreich bilden die Befürworter die absolute Mehrheit, und die Deutschen gehören zusammen mit den Italienern und Luxemburgern in die Spitzengruppe.

Bei der gemeinsamen Sicherheits- und Verteidigungspolitik der Europäischen Union ist die Unterstützung durch die Bürgerinnen und Bürger sowohl in Deutschland als auch in Europa insgesamt noch eindeutiger. Auch hier bilden Deutschland, Italien und Luxemburg wieder die Spitzengruppe, und sogar im Vereinigten Königreich ist der Anteil der Befürworter deutlich höher als der der Gegner (vgl. Tab. 16).

Abb. 11: Netto-Unterstützung einer gemeinsamen Außenpolitik (1990–2002)
(Indexwerte)

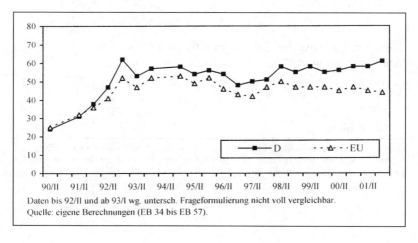

Daten bis 92/II und ab 93/I wg. untersch. Frageformulierung nicht voll vergleichbar.
Quelle: eigene Berechnungen (EB 34 bis EB 57).

Abb. 12: Netto-Unterstützung einer gemeinsamen Sicherheits- und Verteidigungspolitik (1990–2002)
(Indexwerte)

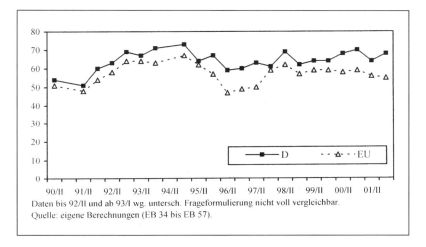

In diesen beiden zentralen Politikbereichen werden Politikkompetenzen auf der europäischen Ebene daher durch die Bürger massiv unterstützt, was für eine entsprechende Stärkung der Europäischen Union im Rahmen des gegenwärtigen Verfassungsprozesses durch den Europäischen Konvent und die darauf folgende Regierungskonferenz spricht. Die Bevölkerungsunterstützung für europäische Entscheidungskompetenzen geht jedoch weit über diese Kernbereiche hinaus.

Tab. 16: Unterstützung einer gemeinsamen Außen-, Sicherheits- und Verteidigungspolitik der EU
(Frühjahr 2002)
„Wie ist Ihre Meinung zu den folgenden Vorschlägen? Bitte sagen Sie mir für jeden Vorschlag, ob Sie dafür oder dagegen sind." „Eine gemeinsame Außenpolitik der Mitgliedstaaten der Europäischen Union gegenüber anderen Staaten"; „Eine gemeinsame Sicherheits- und Verteidigungspolitik der Mitgliedstaaten der Europäischen Union" (Angaben in Prozent; Index der Netto-Unterstützung)

	B	DK	D	GR	E	F	IRL	I
Außenpolitik								
Dafür	68	62	75	70	68	60	58	76
Dagegen	17	30	14	16	14	28	20	9
Weiß nicht	15	8	11	14	18	11	22	15
Netto-Unterstützung	51	32	61	54	54	32	38	67

	L	NL	A	P	FIN	S	UK	EU
Außenpolitik								
Dafür	78	71	69	58	54	51	38	64
Dagegen	11	16	19	16	32	37	37	20
Weiß nicht	11	13	13	26	14	12	25	16
Netto-Unterstützung	67	55	50	42	22	14	1	44

	B	DK	D	GR	E	F	IRL	I
Sicherheits- und Verteidigungspolitik								
Dafür	75	65	79	72	76	71	50	82
Dagegen	12	30	11	14	9	20	29	7
Weiß nicht	12	6	10	14	15	8	20	11
Netto-Unterstützung	63	35	68	58	67	51	21	75

Fortsetzung der Tabelle auf der nächsten Seite

Fortsetzung von Tab. 16

	L	NL	A	P	FIN	S	UK	EU
Sicherheits- und Verteidigungspolitik								
Dafür	87	79	61	67	54	53	49	71
Dagegen	5	13	24	13	37	38	29	16
Weiß nicht	8	8	15	20	9	9	22	13
Netto-Unterstützung	82	58	37	54	17	15	20	55

Quelle: eigene Berechnungen (EB 57).

Befragt man die Bürger nach ihrer Meinung zu den übrigen Politikbereichen, in denen die Europäische Union nach den Verträgen von Maastricht, Amsterdam und Nizza in irgendeiner Form Entscheidungskompetenzen hat, so ergibt sich eine breite Mehrheit für eine gemeinsame Beschlussfassung auf EU-Ebene in Deutschland und Europa insgesamt für:

- den Kampf gegen den Terrorismus und die verschiedenen Formen der grenzüberschreitenden Kriminalität (Menschenhandel, organisiertes Verbrechen, Drogen),

- Unterstützungsleistungen wie Armutsbekämpfung, humanitäre Hilfen und die Förderung wirtschaftlich schwacher Regionen,

- die EU-Informationspolitik und die wissenschaftliche Forschung (vgl. Tab. 17).

In diesen Bereichen sind sich die Bürgerinnen und Bürger aller EU-Mitgliedsländer in der Unterstützung von EU-Entscheidungskompetenzen einig (vgl. Tab. A18).

Tab. 17: Unterstützung von Kompetenzen auf der EU-Ebene (Herbst 2001)

„Sagen Sie mir bitte für jeden der folgenden Bereiche, ob er Ihrer Meinung nach von der deutschen Regierung oder gemeinsam innerhalb der Europäischen Union entschieden werden sollte."

(Angaben in Prozent, zu 100 % fehlende Werte: weiß nicht; Index der Netto-Unterstützung; Politikbereiche nach Indexwerten in Deutschland geordnet; d.R. = deutsche Regierung, n.R. = nationale Regierung; NU = Netto-Unterstützung)

	Deutschland			Europ. Union		
	d.R.	EU	NU	n.R.	EU	NU
Kampf gegen internationalen Terrorismus	11	85	74	12	85	73
Kampf gegen Menschenhandel und Ausbeutung	13	83	70	16	80	64
Informationen über die EU	17	76	59	20	74	54
Kampf gegen das organisierte Verbrechen	19	78	59	25	72	47
Kampf gegen Drogen	22	74	52	26	71	45
Humanitäre Hilfe	25	70	45	31	65	48
Kampf gegen Armut und soziale Ausgrenzung	27	68	41	30	67	37
Umweltschutz	29	69	41	33	64	31
Unterstützung wirtschaftlich schwacher Regionen	27	67	40	32	63	31
Forschung in Wissenschaft und Technik	33	61	28	27	68	41

Fortsetzung der Tabelle auf der nächsten Seite

Fortsetzung von Tab. 17

	Deutschland			Europ. Union		
	d.R.	EU	NU	n.R.	EU	NU
Landwirtschafts- und Fischereipolitik	33	60	27	40	54	14
Kampf gegen Arbeitslosigkeit	42	54	12	44	53	9
Aufnahme von Flüchtlingen	49	48	-1	43	53	10
Verhinderung von Jugendkriminalität	48	47	-1	51	45	-6
Kulturpolitik	51	42	-9	49	44	-5
Regelungen zum politischen Asyl	54	43	-11	45	51	6
Verhinderung von Kriminalität in den Städten	54	42	-12	56	40	-16
Einwanderungspolitik	56	40	-16	48	49	1
Gesundheits- und Sozialwesen	59	37	-22	59	37	-22
Grundregeln für Rundfunk, Fernsehen und Presse	58	35	-23	56	38	-18
Justiz	61	35	-26	58	38	-20
Bildungs- und Erziehungswesen	60	34	-26	61	36	-25
Polizeiwesen	61	34	-27	63	34	-29

Quelle: eigene Berechnungen (EB 56).

In Deutschland und im europäischen Durchschnitt überwiegt die Befürwortung gemeinsamer Entscheidungen auf EU-Ebene zudem in den Bereichen:

– Umweltschutz,

– Landwirtschafts- und Fischereipolitik und

– Kampf gegen die Arbeitslosigkeit.

In diesen Bereichen ist die EU-Unterstützung jedoch nicht einhellig: Beim Umweltschutz scheren Portugal und vor allem Finnland aus, in der Agrarpolitik überwiegt bei einem Drittel, in der Arbeitslosigkeitsbekämpfung sogar bei fast der Hälfte der EU-Mitgliedsländer die Meinung, dieser Bereich sollte auf der nationalen Ebene entschieden werden (vgl. Tab. A18).

Unterschiede zwischen der deutschen Bevölkerung und dem EU-Durchschnitt zeigen sich in der Immigrationspolitik (Aufnahme von Flüchtlingen, Asylregelungen, Einwanderungspolitik generell; vgl. Tab. 17). Obwohl objektiv gesehen eine gemeinsame europäische Antwort auf diese Fragen notwendig ist, überwiegt bei den Deutschen die Auffassung, dieser Bereich sollte in der nationalen Verantwortung verbleiben. Der EU-Durchschnitt ist jedoch hier nicht aussagekräftig, da die Bürgerinnen und Bürger der einzelnen EU-Mitgliedstaaten in dieser Frage sehr unterschiedliche Auffassungen vertreten. Dies ist auch für den Bereich der Kulturpolitik und teilweise bei der Kriminalitätsprävention der Fall (vgl. Tab. A18).

Es gibt jedoch auch eine Reihe von Politikbereichen, wo die Ablehnung von EU-Entscheidungskompetenzen in fast allen EU-Mitgliedstaaten[21] die Befürwortung mehr oder minder deutlich übersteigt: die Rundfunkpolitik, die Justiz, das Gesundheits- und Sozialwesen, das Bildungs- und Erziehungswesen und das Polizeiwesen sollen nach Meinung der Bürgerinnen und Bürger in nationaler Verantwortung liegen (vgl. Tab 17 und A18). Hier zeigen sich bei der Bevölkerung der meisten EU-Staaten massive Vorbehalte gegen Entscheidungskompetenzen auf der EU-Ebene.

Über alle einbezogenen Politikbereiche hinweg, zeigen die Bevölkerungen Finnlands, Dänemarks, Schwedens, des Vereinigten Königreichs und Portugals die stärksten Vorbehalte gegen umfassende EU-

---

21 Ausnahmen sind hier nur Griechenland und Italien.

Zuständigkeiten. Deutschland nimmt in dieser Frage eine mittlere Position ein (vgl. Tab. A18).

Die Bürgerinnen und Bürger der dreizehn Beitrittsländer befürworten Entscheidungskompetenzen auf EU-Ebene über alle erfragten Politikbereiche hinweg im Schnitt etwas stärker als die EU-Bevölkerung, wobei diejenigen Politikbereiche, die in den EU-Mitliedstaaten einhellige Unterstützung erfahren, auch in den Beitrittsländern auf einhellige Zustimmung stoßen. Die massiven Vorbehalte fast aller EU-Staaten gegen EU-Kompetenzen in den Bereichen Rundfunk, Justiz, Gesundheits- und Sozialwesen, Bildungs- und Erziehungswesen sowie Polizeiwesen werden jedoch nicht von allen Beitrittsländern geteilt. Die größten Vorbehalte gegen umfassende EU-Zuständigkeiten existieren in der Türkei und in Malta (vgl. Tab. A19).

7. Fazit

Die zentralen Aufgaben und Herausforderungen der Europäischen Union in naher Zukunft sind die Reform ihres Institutionensystems, ihrer Entscheidungsverfahren und ihrer vertikalen Kompetenzordnung in Verbindung mit ihrer Erweiterung um zehn oder mehr Mitgliedsländer.

Soweit sich dies aufgrund von Bevölkerungsumfragen beantworten lässt, nehmen die Bürgerinnen und Bürger der Bundesrepublik Deutschland in Bezug auf die zukünftige institutionelle Gestalt der EU Positionen ein, die von der Bevölkerung in der überwiegenden Mehrheit der anderen EU-Staaten geteilt werden, wenn auch die Deutschen in dieser Hinsicht keine Vorreiterrolle spielen, sondern eher im Mittelfeld zu finden sind: Die absolute Mehrheit der Deutschen unterstützt, im Einklang mit fast allen anderen Mitgliedstaaten, ganz allgemein eine institutionelle Reform der EU vor ihrer Erweiterung. Die wenigen Daten darüber, in welche Richtung diese Reform nach Ansicht der Bevölkerung gehen soll, zeigen, dass eine Stärkung der Rolle des Europäischen Parlaments im Rahmen der Kompetenzverteilung zwischen den Institutionen, insbesondere auch die Stärkung seiner Stellung gegenüber der Kommission, die mehrheitliche Unterstützung der Deutschen wie auch der Europäer insgesamt besitzt. Weit weniger eindeutig fällt die Haltung der Europäer zur Frage der zukünftigen Entscheidungsverfahren auf EU-Ebene aus: Erst in letzter Zeit spricht sich die relative Mehrheit der Bürgerinnen und Bürger im EU-Durchschnitt für Mehrheitsentscheidungen aus. Der Anteil derer, die einstimmige Entscheidungen befürworten, ist aber immer noch relativ hoch, und in einigen Ländern bildet diese Gruppe sogar die Mehrheit. Die Deutschen standen bis vor kurzem den Mehrheitsentscheidungen skeptischer gegenüber als der EU-Durchschnitt, haben sich in ihrer Meinungsverteilung mittlerweile aber deutlich angeglichen.

Hieraus lässt sich schlussfolgern, dass Bemühungen im gegenwärtigen europäischen Verfassungsgebungsprozess, die auf eine Aufwertung des Europäischen Parlaments im Brüsseler Institutionengefüge und eine Stärkung des Instruments der Mehrheitsentscheidungen abzielen, in die richtige Richtung gehen. Stellt man gleichzeitig in Rechnung, dass Dreiviertel der Deutschen und ein gutes Drittel aller EU-Bürger sich für die Möglichkeit eines Misstrauensvotums des Parlaments gegenüber der Kommission aussprechen, so lässt sich in der Logik dieses Gedankens auch eine relativ breite Unterstützung für eine Wahl des Kommissionspräsidenten durch das Europäische Parlament vermuten. Wird noch zusätzlich in Rechnung gestellt, dass hinsichtlich des Vertrauens, dass die EU-Institutionen bei den EU-Bürgern genießen, in Deutschland und im EU-Durchschnitt der Rat hinter der Kommission rangiert, spricht vieles dafür, dass die Wahl eines Kommissionspräsidenten durch das Europäische Parlament sich einer wesentlich größeren Unterstützung durch die EU-Bürger erfreuen würde als ein vom Europäischen Rat oder Ministerrat gewählter Europäischer Präsident.

In der Frage der vertikalen Kompetenzordnung der EU, also der Verteilung von Entscheidungskompetenzen zwischen der nationalen und der europäischen Ebene, sind die Orientierungen der Deutschen je nach Bereich sehr unterschiedlich: Der europäischen Währungsunion stand die Bevölkerung lange Zeit mehrheitlich ablehnend gegenüber. Heutzutage wird der Euro zwar mehrheitlich befürwortet, Deutschland bildet jedoch – zusammen mit Finnland und Frankreich – immer noch das Schlusslicht in der Euro-Zone, wo die gemeinsame Währungspolitik mittlerweile im Schnitt von drei Vierteln der Bürger unterstützt wird. Sowohl im außenpolitischen als auch im sicherheits- und verteidigungspolitischen Bereich bildeten die Deutschen dagegen von Anfang an die Avantgarde bei der Befürwortung einer gemeinsamen europäischen Politik. Sie gehören – zusammen mit den Italienern und Luxemburgern – zur Spitzengruppe, wobei Kompetenzen auf der EU-Ebene von den Europäern in diesen Bereichen generell massiv unterstützt werden. Eine Mehrheit der Bürger in Deutschland und Europa insgesamt spricht sich auch für erweiterte Zuständigkeiten der EU in der Terrorismusbekämpfung und bei Maßnahmen gegen grenzüberschreitende Kriminalität aus, so dass die Arbeiten des Europäischen Verfassungskonvents an einer besseren Ausstattung der EU in diesen Bereichen wie auch in der europäischen Außen-, Sicherheits- und Verteidigungspolitik mit großem Rückhalt unter den Bürgern der EU rechnen können.

In anderen Politikbereichen ist die Situation nicht so eindeutig. Wenn auch eine Reihe von zusätzlichen inhaltlichen Kompetenzen der EU – z. B. im Bereich des Umweltschutzes – bei den Europäern auf Zustimmung treffen, so bestehen in den Bereichen Agrarpolitik, Arbeitslosigkeitsbekämpfung, Immigrationspolitik und Kulturpolitik sowie teilweise bei der Kriminalitätsprävention zwischen den Bürgern der einzelnen EU-Mitgliedsstaaten deutliche Differenzen, wobei Deutschland in den drei letztgenannten Bereichen zu denjenigen zählt, die überwiegend der Ansicht sind, hierüber sollte auf der nationalen Ebene entschieden werden. Massive Vorbehalte gegen Entscheidungskompetenzen auf der EU-Ebene zeigen sich bei den Deutschen im Einklang mit der Bevölkerung der meisten EU-Staaten in den Bereichen der Rundfunkpolitik, der Justiz, des Gesundheits- und Sozialwesens, des Bildungs- und Erziehungswesens sowie des Polizeiwesens. Hier ist zur Erreichung weiterer Integrationsfortschritte noch ein hohes Maß an Überzeugungsarbeit notwendig.

Das Gleiche gilt für die Erweiterung der Europäischen Union. Bis vor kurzem überwog in Deutschland noch die generelle Ablehnung einer EU-Erweiterung, und auch in neuester Zeit ist Deutschland in der Gruppe derjenigen Mitgliedstaaten zu finden, die einer EU-Erweiterung eher skeptisch gegenüberstehen. Die Deutschen sind dezidiert der Meinung, dass die EU, wenn überhaupt, dann nur um einige der beitrittswilligen Länder erweitert werden sollte, wobei die Befürwortung nur im Falle Ungarns und Maltas die Ablehnung deutlich übersteigt. Den wesentlichen Grund für diese Haltung bilden Befürchtungen von mit der Erweiterung verbundenen ökonomischen Nachteilen. Deutschland steht jedoch mit der kritischen Haltung zur EU-Erweiterung nicht allein: Ein – relativ – deutlicher Vorsprung der Befürworter gegenüber den Gegnern ist bei den Europäern insgesamt nur für die EU-Mitgliedschaft Maltas, Ungarns, Zyperns, Polens und Tschechiens zu konstatieren. Die EU-Erweiterung ist somit von den europäischen Akteuren der Bevölkerung noch nicht hinreichend vermittelt. Um sich in dieser Frage die Unterstützung der Bevölkerung zu sichern, muss noch eine Menge Überzeugungsarbeit geleistet werden.

8. Literatur

Bogdandy, Armin von/Bast, Jürgen (2001): Die vertikale Kompetenzordnung der Europäischen Union, in: Europäische Grundrechte Zeitschrift, 28, S. 441-458.

Europäische Kommission (div. Jg.): Eurobarometer. Die öffentliche Meinung in der Europäischen Union. Brüssel: Europäische Kommission.

Fuchs, Dieter (1997): Welche Demokratie wollen die Deutschen? Einstellungen zur Demokratie im vereinten Deutschland, in: Gabriel, Oscar W. (Hrsg.): Politische Orientierungen und Verhaltensweisen im vereinigten Deutschland. Opladen: Leske + Budrich, S. 81–113.

Lindberg, Leon N./Scheingold, Stuart A. (1970): Europe's Would-Be Polity. Patterns of Change in the European Community. Englewood Cliffs: Prentice Hall.

Niedermayer, Oskar (1991): Bevölkerungsorientierungen gegenüber dem politischen System der Europäischen Gemeinschaft, in: Wildenmann, Rudolf (Hrsg.): Staatswerdung Europas?. Baden-Baden: Nomos, S. 321–353.

Niedermayer, Oskar (1994a): Maastricht und die Entwicklung der öffentlichen Meinung zu Europa, in: Glaeßner, Gert-Joachim/Sühl, Klaus (Hrsg.): Auf dem Weg nach Europa. Opladen: Westdeutscher Verlag, S. 57–73.

Niedermayer, Oskar (1994b): Europäisches Parlament und öffentliche Meinung, in: Niedermayer, Oskar/Schmitt, Hermann (Hrsg.): Wahlen und Europäische Einigung. Opladen: Westdeutscher Verlag, S. 29–44.

Niedermayer, Oskar (1995): Trends and Contrasts, in: Niedermayer, Oskar/Sinnott, Richard (Hrsg.): Public Opinion and Internationalized Governance. Oxford: Oxford University Press, S. 53–72.

Niedermayer, Oskar (1998): Die Entwicklung der öffentlichen Meinung zu Europa, in: Jopp, Mathias/Maurer, Andreas/Schneider, Heinrich (Hrsg.): Europapolitische Grundverständnisse im Wandel. Bonn: Europa Union Verlag, S. 419–448.

Niedermayer, Oskar (2001): Bürger und Politik. Opladen: Westdeutscher Verlag.

Niedermayer, Oskar/Sinnott, Richard (Hrsg.) (1995): Public Opinion and Internationalized Governance. Oxford: Oxford University Press.

Steppacher, Burkard/Margedant, Udo (2002): Der Europäische Konvent: Auftrag, Zusammensetzung, Problemfelder. Arbeitspapiere der Konrad-Adenauer-Stiftung, Nr. 79. Sankt Augustin.

Wessels, Wolfgang (2002): Der Konvent. Modelle für eine innovative Integrationsmethode, in: Integration, 25, S. 83ff.

Zimmermann-Steinhart, Petra (2002): Der Konvent: Die neue EU-Methode?, in: Gegenwartskunde, 51, S. 65–72.

Anhang

Tab. A1: Subjektives Wissen über die EU (Herbst 2001)

„Sagen Sie mir bitte anhand dieser Skala, wieviel Sie Ihrer Meinung nach über die Europäische Union, ihre Politik, ihre Institutionen und Organe wissen".
(Angaben in Prozent; ursprüngliche 10 Punkte-Skala zusammengefasst in: weiß (fast) nichts darüber (1-2), weiß etwas darüber (3-5), weiß recht viel darüber (6-8), weiß sehr viel darüber (9-10), weiß nicht)

	B	DK	D	GR	E	F	IRL	I	L	NL	A	P	FIN	S	UK	EU
Weiß (fast) nichts darüber	20	7	10	21	24	13	19	14	10	16	7	28	12	13	30	17
Weiß etwas darüber	45	56	51	50	57	58	53	53	61	49	44	54	53	59	53	53
Weiß recht viel darüber	30	34	32	26	16	25	24	29	24	33	39	17	32	25	14	26
Weiß sehr viel darüber	0	3	3	3	1	2	1	2	5	1	5	1	2	2	1	2
Weiß nicht	5	0	5	1	2	3	3	1	1	2	6	1	1	1	2	3

Quelle: eigene Berechnungen (EB 56).

Tab. A 2: Subjektives Wissen über die EU: Beitrittsländer (Herbst 2001)

„Sehen Sie sich die Skala an und sagen Sie uns, wie viel Sie Ihrer Meinung nach über die Europäische Union, ihre Politik und ihre Institutionen wissen".
(Angaben in Prozent; ursprüngliche 10 Punkte-Skala zusammengefasst in: weiß (fast) nichts darüber (1-2), weiß etwas darüber (3-5), weiß recht viel darüber (6-8), weiß sehr viel darüber (9-10), weiß nicht)

	BU	ES	LE	LI	MA	PO	RU	SK	SN	TR	TÜ	UN	ZY	BL
Weiß (fast) nichts darüber	28	24	20	23	25	21	23	22	10	24	37	27	12	28
Weiß etwas darüber	48	58	62	55	46	57	49	46	56	55	42	52	45	50
Weiß recht viel darüber	19	14	15	16	27	18	22	25	27	19	16	16	28	19
Weiß sehr viel darüber	3	1	2	2	3	2	2	3	5	3	4	2	3	3
Weiß nicht	2	3	1	4	0	2	2	2	2	2	1	1	1	2

Bulgarien (BU), Estland (ES), Lettland (LE), Litauen (LI), Malta (MA), Polen (PO), Rumänien (RU), Slowakei (SK), Slowenien (SN), Tschechische Republik (TR), Türkei (TÜ), Ungarn (UN), Zypern (ZY); Durchschnitt aller Beitrittsländer (BL)

Quelle: KLEB 2001.1.

Tab. A 3: Bekanntheitsgrad der europäischen Institutionen (Frühjahr 2002)

„Haben Sie schon einmal etwas gehört oder gelesen über …"
(Angaben in Prozent: Ja; geordnet nach dem Bekanntheitsgrad im EU-Durchschnitt)

	B	DK	D	GR	E	F	IRL	I	L	NL	A	P	FIN	S	UK	EU
Europäisches Parlament	92	98	84	81	90	92	95	93	97	96	90	87	97	96	86	89
Europäische Kommission	85	92	69	73	80	82	86	80	94	84	87	81	95	85	73	78
Europäische Zentralbank	71	82	81	56	75	67	84	76	89	83	84	76	91	80	56	73
Europäischer Gerichtshof	77	95	77	67	62	67	67	57	90	78	84	70	79	71	56	67
Ministerrat der EU	72	77	54	68	78	68	67	73	83	66	76	76	76	90	36	63
Europ. Rechnungshof	57	20	64	37	53	59	39	46	73	51	74	64	31	20	14	48
Europäischer Ombudsmann	41	48	22	44	59	35	54	23	40	28	46	45	81	27	37	35
Wirtschafts- und Sozial- ausschuss	30	43	36	43	45	34	40	29	59	21	49	47	46	28	21	33
Ausschuss der Regionen	31	33	27	29	42	27	31	26	39	13	47	49	40	24	12	27
Durchschnittliche Bekanntheit der EU-Institutionen	62	65	57	55	65	59	63	56	74	58	71	66	71	58	43	57

Quelle: eigene Berechnungen (EB 57)

Tab. A 4: Bekanntheitsgrad der europäischen Institutionen: Beitrittsländer (Herbst 2001)
„Haben Sie schon gehört über ..."
(Angaben in Prozent: Ja; geordnet nach dem Bekanntheitsgrad im Durchschnitt aller Beitrittsländer)

	BU	ES	LE	LI	MA	PO	RU	SK	SN	TR	TÜ	UN	ZY	BL
Europäisches Parlament	63	67	72	63	82	68	75	74	77	68	75	71	68	72
Europäische Kommission	49	52	61	55	74	66	63	63	67	51	59	57	54	60
Europäische Zentralbank	56	55	69	65	55	60	53	65	73	65	57	48	52	58
Ministerrat der EU	45	39	45	39	53	52	57	51	57	41	56	62	49	53
Europäischer Gerichtshof	39	39	48	48	54	53	49	69	48	33	56	43	71	41
Europäischer Ombudsmann	14	20	26	14	40	62	42	44	74	36	1	46	43	36
Wirtschafts- und Sozialausschuss	19	28	33	32	29	27	30	37	35	26	36	33	34	31
Europ. Rechnungshof	32	20	38	34	29	14	22	25	51	14	35	36	21	26
Ausschuss der Regionen	15	22	30	21	33	23	22	37	33	15	28	33	21	25
Durchschnittliche Bekanntheit der EU-Institutionen	37	38	47	41	50	47	46	52	57	39	45	48	46	45

Bulgarien (BU), Estland (ES), Lettland (LE), Litauen (LI), Malta (MA), Polen (PO), Rumänien (RU), Slowakei (SK), Slowenien (SN), Tschechische Republik (TR), Türkei (TÜ), Ungarn (UN), Zypern (ZY); Durchschnitt aller Beitrittsländer (BL)

Quelle: KLEB 2001.1.

Tab. A 5: Kenntnisse über die Haushaltsausgaben der EU (Herbst 2001)

„Wofür wird Ihrer Meinung nach der größte Teil des Haushalts der Europäischen Union ausgegeben?"
(Angaben in Prozent; geordnet nach dem EU-Durchschnitt)

	B	DK	D	GR	E	F	IRL	I	L	NL	A	P	FIN	S	UK	EU
Kosten für Verwaltung, Personal, Gebäude	33	34	32	14	24	22	12	14	27	24	31	20	37	40	26	25
Gemeinsame Agrarpolitik	11	35	15	7	6	19	21	11	24	17	22	6	22	41	12	14
Europäische Sozialfonds	9	4	8	30	18	14	15	17	9	11	7	19	6	3	9	12
Hilfe für die Regionen	6	9	8	7	6	6	18	14	8	2	9	5	18	5	7	8
Hilfe für Länder der Dritten Welt	10	6	6	2	2	7	3	6	11	12	4	5	2	3	12	7
Hilfe für Mittel- und Osteuropa	4	3	8	4	1	6	2	3	6	3	5	3	3	2	5	5
Sonstiges (spontan)	3	1	2	3	3	1	1	2	2	1	2	4	1	0	1	2
Weiß nicht	25	8	20	32	39	26	28	34	14	30	20	39	12	8	28	27

Quelle: EB 56.

Tab. A 6: Informationsverhalten in Bezug auf die EU (Frühjahr 2001)
„Verfolgen Sie im Allgemeinen Nachrichten über die Europäische Union? Bitte sagen Sie es mir anhand dieser Skala"
(Angaben in Prozent)

	B	DK	D	GR	E	F	IRL	I	L	NL	A	P	FIN	S	UK	EU
Ja, sehr aufmerksam	13	30	11	40	18	17	14	32	28	13	34	11	26	23	17	19
Ja, etwas aufmerksam	50	58	42	43	55	52	47	52	52	52	49	52	58	59	36	47
Nein, überhaupt nicht aufmerksam	36	12	44	16	27	30	38	15	17	34	16	36	14	18	47	32
Weiß nicht	1	0	3	1	1	1	1	2	3	1	2	1	2	1	1	2

Quelle: EB 55.

Tab. A 7: Informationsverhalten in Bezug auf die EU: Beitrittsländer (Herbst 2001)
„Widmen Sie im Allgemeinen Nachrichten über die Europäische Union Aufmerksamkeit?"
(Angaben in Prozent)

	BU	ES	LE	LI	MA	PO	RU	SK	SN	TR	TÜ	UN	ZY	BL
Viel Aufmerksamkeit	31	14	18	16	34	35	41	23	29	18	34	37	36	31
Etwas Aufmerksamkeit	48	55	54	59	41	48	43	56	55	59	49	43	43	48
Überhaupt keine Aufmerksamkeit	17	30	26	21	24	16	11	18	13	21	16	19	18	17
Weiß nicht	5	1	2	3	0	1	4	3	2	2	1	1	3	5

Bulgarien (BU), Estland (ES), Lettland (LE), Litauen (LI), Malta (MA), Polen (PO), Rumänien (RU), Slowakei (SK), Slowenien (SN), Tschechische Republik (TR), Türkei (TÜ), Ungarn (UN), Zypern (ZY); Durchschnitt aller Beitrittsländer (BL)

Quelle: KLEB 2001.1.

Tab. A 8: Netto-Vertrauen in europäische und nationale Institutionen: Beitrittsländer (Herbst 2001)

„Ich möchte Sie gerne fragen, wie viel Vertrauen Sie in bestimmte Einrichtungen haben. Sagen Sie mir bitte für jede der folgenden Einrichtungen, ob Sie ihr eher vertrauen oder eher nicht vertrauen. Wie ist es mit ..."

„Sagen Sie mir bitte für jede einzelne Einrichtung, ob Sie ihr eher vertrauen oder eher nicht vertrauen." (Index des Netto-Vertrauens; Reihenfolge nach dem Durchschnitt aller Beitrittsländer)

	BU	ES	LE	LI	MA	PO	RU	SK	SN	TR	TÜ	UN	ZY	BL
Europäisches Parlament	34	19	14	24	13	30	49	29	22	26	4	47	33	24
Europäischer Gerichtshof	24	12	11	24	18	30	32	39	16	13	8	32	47	21
Europäische Kommission	27	12	9	19	16	27	40	24	19	19	5	37	24	20
Europäische Zentralbank	28	18	15	25	15	16	29	27	25	23	4	26	30	17
Ministerrat der EU	22	6	10	10	9	17	32	20	9	9	2	37	21	15
Nationale Polizei	2	-19	-23	-38	36	-2	-20	-37	6	11	22	5	36	2
Justiz/nat. Rechtssystem	-37	-8	-29	-44	0	-26	-30	-57	-21	-18	4	3	35	-15
Nationale Regierung	4	-11	-27	-41	4	-24	-6	-56	-13	-20	-18	4	35	-16
Nationales Parlament	-27	-21	-47	-59	-7	-25	-23	-56	-30	-38	-33	-2	49	-29

Bulgarien (BU), Estland (ES), Lettland (LE), Litauen (LI), Malta (MA), Polen (PO), Rumänien (RU), Slowakei (SK), Slowenien (SN), Tschechische Republik (TR), Türkei (TÜ), Ungarn (UN), Zypern (ZY); Durchschnitt aller Beitrittsländer (BL)

Quelle: eigene Berechnungen (KLEB 2001.1).

Tab. A 9: Unterstützung der Abwählbarkeit der Kommission durch das Europäischen Parlament (Herbst 2001)

„Wie ist Ihre Meinung zu den folgenden Vorschlägen? Bitte sagen Sie mir für jeden Vorschlag, ob Sie dafür oder dagegen sind." U.a.: „Der Rücktritt des Präsidenten der Europäischen Kommission und der Europäischen Kommissare, wenn diese nicht das Vertrauen einer Mehrheit im Europäischen Parlament besitzen"
(Angaben in Prozent)

	B	DK	D	GR	E	F	IRL	I	L	NL	A	P	FIN	S	UK	EU
Dafür	71	81	76	73	63	71	66	71	80	65	71	58	82	77	54	69
Dagegen	11	10	9	9	8	12	7	6	10	13	10	12	9	10	14	10
Weiß nicht	18	9	15	18	29	17	27	23	10	22	19	30	9	13	32	21
Netto-Unterstützung	60	71	67	64	55	59	59	65	70	52	61	46	73	67	40	59

Quelle: eigene Berechnungen (EB 56).

Tab. A 10: Zufriedenheit mit dem Funktionieren der Demokratie in der Europäischen Union (Herbst 2001)

„Und wie ist es mit der Art und Weise, wie die Demokratie in der Europäischen Union funktioniert?" (Angaben in Prozent; Indexwerte)

	B	DK	D	GR	E	F	IRL	I	L	NL	A	P	FIN	S	UK	EU
Sehr zufrieden	4	5	4	7	10	4	9	.4	5	5	6	5	1	1	4	.4
Ziemlich zufrieden	51	43	38	39	46	41	56	39	50	43	38	32	31	35	35	40
Nicht sehr zufrieden	25	37	32	27	22	25	11	31	29	27	33	38	40	39	23	28
Überhaupt nicht zufrieden	8	9	9	13	5	12	4	.6	6	9	10	8	14	14	13	10
Weiß nicht	12	6	17	15	18	18	20	21	11	17	13	18	13	12	26	19
Zufriedenheit	55	48	42	46	56	45	65	43	55	48	44	37	32	36	39	44
Unzufriedenheit	33	46	41	40	27	37	15	37	35	36	43	46	54	53	36	38
Netto-Zufriedenheit	22	2	1	6	29	8	50	.6	20	12	1	-9	-22	-17	3	.6

Quelle: eigene Berechnungen (EB 56).

Tab. A 11: Zufriedenheit mit dem Funktionieren der Demokratie im eigenen Land (Herbst 2001)

„Sind Sie mit der Art und Weise, wie die Demokratie in (unserem Land) funktioniert, alles in allem gesehen sehr zufrieden, ziemlich zufrieden, nicht sehr zufrieden oder überhaupt nicht zufrieden?"
(Angaben in Prozent; Indexwerte)

	B	DK	D	GR	E	F	IRL	I	L	NL	A	P	FIN	S	UK	EU
Sehr zufrieden	7	28	9	9	12	6	13	3	16	13	10	4	7	8	11	8
Ziemlich zufrieden	56	59	53	39	52	52	60	35	59	58	42	34	55	64	57	50
Nicht sehr zufrieden	24	11	27	34	27	26	15	47	16	21	28	45	29	22	20	29
Überhaupt nicht zufrieden	8	2	9	17	5	12	4	13	4	5	5	12	5	4	6	9
Weiß nicht	4	1	2	1	4	4	8	3	5	4	5	6	4	2	6	4
Zufriedenheit	63	87	62	48	64	58	73	38	75	71	52	38	62	72	68	58
Unzufriedenheit	32	13	36	51	32	38	19	60	20	26	33	57	34	26	26	38
Netto-Zufriedenheit	31	74	26	-3	32	20	54	-22	55	45	19	-19	28	46	42	20

Quelle: eigene Berechnungen (EB 56).

Tab. A 12: Unterstützung der EU-Mitgliedschaft des eigenen Landes (Frühjahr 2002)

„Ist allgemein gesehen die Mitgliedschaft (eigenes Land) in der Europäischen Union Ihrer Meinung nach eine gute Sache, eine schlechte Sache oder weder gut noch schlecht?"
(Angaben in Prozent; Indexwerte)

	B	DK	D	GR	E	F	IRL	I	L	NL	A	P	FIN	S	UK	EU
Gute Sache	58	60	52	64	66	47	78	69	81	71	37	62	40	38	32	53
Schlechte Sache	4	16	9	5	5	14	4	3	3	6	16	7	18	27	21	11
Weder gut noch schlecht	30	21	31	27	23	35	12	22	14	17	41	24	38	32	32	28
Weiß nicht	7	3	9	4	7	5	6	6	2	6	6	7	4	4	15	8
Netto-Unterstützung	54	44	43	59	61	33	74	66	78	65	21	55	22	11	11	42

Quelle: eigene Berechnungen (EB 57).

Tab. A 13: Unterstützung der EU-Mitgliedschaft des eigenen Landes: Beitrittsländer (Herbst 2001)

„Denken Sie, ganz im Allgemeinen, dass die Mitgliedschaft von (eigenes Land) in der Europäischen Union eine gute Sache, eine schlechte Sache oder weder gut noch schlecht wäre?"
(Angaben in Prozent; Indexwerte)

	BU	ES	LE	LI	MA	PO	RU	SK	SN	TR	TÜ	UN	ZY	BL
Gute Sache	74	33	33	41	39	51	80	58	40	46	59	59	51	59
Schlechte Sache	3	14	17	11	31	11	2	5	11	9	14	7	13	10
Weder gut noch schlecht	12	38	39	35	25	27	11	28	42	31	18	23	31	22
Weiß nicht	9	15	11	13	5	12	8	9	7	13	9	10	5	10
Netto-Unterstützung	71	19	16	30	8	40	78	53	29	37	45	52	38	49

Bulgarien (BU), Estland (ES), Lettland (LE), Litauen (LI), Malta (MA), Polen (PO), Rumänien (RU), Slowakei (SK), Slowenien (SN), Tschechische Republik (TR), Türkei (TÜ), Ungarn (UN), Zypern (ZY); Durchschnitt aller Beitrittsländer (BL)

Quelle: eigene Berechnungen (KLEB 2001.1).

Tab. A 14: Unterstützung einer Erweiterung der EU (Frühjahr 2002)

„Wie ist Ihre Meinung zu den folgenden Vorschlägen? Bitte sagen Sie mir für jeden Vorschlag, ob Sie dafür oder dagegen sind." U.a.: „Die Erweiterung der Europäischen Union um neue Länder" (Angaben in Prozent; Indexwerte)

	B	DK	D	GR	E	F	IRL	I	L	NL	A	P	FIN	S	UK	EU
Dafür	51	68	43	67	64	40	56	61	55	56	45	57	56	61	38	50
Dagegen	32	23	36	15	14	47	16	19	34	30	36	18	32	27	35	30
Weiß nicht	17	10	22	17	22	13	29	20	11	14	20	25	12	11	28	20
Netto-Unterstützung	19	45	7	52	50	-7	40	42	21	26	9	39	24	34	3	20

Quelle: eigene Berechnungen (EB 57).

Tab. A 15: Unterstützung des Beitritts der 13 beitrittswilligen Länder (Herbst 2001)

"Sagen Sie mir bitte für jedes der folgenden Länder, ob Sie dafür oder dagegen wären, dass es Teil der EU wird."

(Indexwerte; Reihenfolge der Länder nach dem EU-Durchschnitt)

	B	DK	D	GR	E	F	IRL	I	L	NL	A	P	FIN	S	UK	EU
Malta	18	32	14	55	33	-20	45	38	30	33	20	21	19	54	39	23
Ungarn	10	40	28	45	34	-17	29	29	20	22	38	24	37	58	12	20
Zypern	15	8	3	81	30	-27	41	19	12	18	11	21	11	44	29	13
Polen	8	50	-2	42	34	-12	31	26	14	22	-20	26	18	60	15	13
Tschechien	0	40	8	39	35	-25	27	19	23	19	-14	26	15	56	9	11
Slowakei	-6	28	-5	36	28	-31	18	12	10	8	-14	18	7	49	-1	2
Estland	-3	48	3	29	26	-40	18	3	12	16	-9	13	47	64	-2	2
Lettland	-3	47	3	30	26	-39	19	2	12	15	-8	13	30	63	-2	1
Litauen	-5	46	-1	30	26	-38	18	1	10	11	-10	15	28	60	-2	1
Bulgarien	-8	7	-22	34	33	-29	21	13	-3	-2	-33	24	-4	36	3	-2
Slowenien	-11	8	-17	33	26	-36	16	8	4	-2	11	15	-10	37	-4	-3
Rumänien	-14	-1	-32	37	28	-32	15	13	-7	-6	-43	22	-21	30	-4	-7
Türkei	-22	-24	-32	-39	16	-41	22	-11	-30	0	-25	20	-30	2	7	-12

Quelle: eigene Berechnungen (EB 56).

Tab. A 16: Unterstützung des Subsidiaritätsprinzips (Herbst 2001)

„Wie ist Ihre Meinung zu den folgenden Vorschlägen? Bitte sagen Sie mir für jeden Vorschlag, ob Sie dafür oder dagegen sind." U.a.: „Dass die Europäische Union für jene Fragen und Probleme zuständig sein sollte, die nicht effektiv durch die nationalen, regionalen und kommunalen Regierungen gelöst werden können"
(Angaben in Prozent)

	B	DK	D	GR	E	F	IRL	I	L	NL	A	P	FIN	S	UK	EU
Dafür	66	61	66	76	71	58	69	74	73	75	63	60	62	62	49	64
Dagegen	19	28	18	15	11	25	12	11	17	12	18	18	24	25	24	18
Weiß nicht	15	11	16	9	18	17	19	15	10	13	19	22	14	13	27	18
Netto-Unterstützung	47	33	48	61	60	33	57	63	56	63	45	42	38	37	25	46

Quelle: eigene Berechnungen (EB 56).

Tab. A 17: Unterstützung des Euro (Frühjahr 2002)

„Wie ist Ihre Meinung zu den folgenden Vorschlägen? Bitte sagen Sie mir für jeden Vorschlag, ob Sie dafür oder dagegen sind." „Eine Europäische Währungsunion mit einer gemeinsamen Währung, nämlich dem Euro"

(Angaben in Prozent; Indexwerte)

	B	DK	D	GR	E	F	IRL	I	L	NL	A	P	FIN	S	UK	EZ	EU
Dafür	82	52	67	80	80	67	78	87	91	75	72	73	64	49	31	75	67
Dagegen	10	43	24	16	12	28	13	9	6	22	19	19	31	42	52	19	25
Weiß nicht	8	5	9	4	7	5	9	4	3	4	10	9	5	8	17	6	8
Netto-Unterstützung	72	9	43	64	68	39	65	78	85	53	53	54	33	7	-21	56	42

Anmerkung: Dänemark, Schweden und das Vereinigte Königreich nehmen an der Europäischen Währungsunion nicht teil. EZ = Euro-Zone.
Quelle: eigene Berechnungen (EB 57).

Tab. A 18: Netto-Unterstützung von Kompetenzen auf der EU-Ebene (Herbst 2001)

„Sagen Sie mir bitte für jeden der folgenden Bereiche, ob er Ihrer Meinung nach von der (nationalen) Regierung oder gemeinsam innerhalb der Europäischen Union entschieden werden sollte." (Index der Netto-Unterstützung; Reihenfolge nach dem EU-Durchschnitt)

	B	DK	D	GR	E	F	IRL	I	L	NL	A	P	FIN	S	UK	EU
Kampf gegen internationalen Terrorismus	82	73	74	72	72	75	70	83	80	73	68	53	68	78	60	73
Kampf gegen Menschenhandel und die Ausbeutung von Menschen	73	65	70	62	65	67	61	75	66	62	57	43	57	58	44	64
Informationen über die Europäische Union, ihre Politik und ihre Institutionen	63	26	59	62	61	53	54	67	60	49	44	11	39	35	43	54
Humanitäre Hilfe	57	24	45	54	60	57	50	68	38	45	14	28	1	10	34	48
Kampf gegen das organisierte Verbrechen	62	43	59	57	60	53	25	53	52	61	43	33	43	55	7	47
Kampf gegen Drogen	48	45	52	55	48	53	39	61	21	29	41	22	32	27	23	45
Forschung in Wissenschaft und Technik	54	33	28	69	54	49	52	66	70	41	34	21	13	21	25	41

Fortsetzung auf der nächsten Seite

Fortsetzung von Tab. A 18

	B	DK	D	GR	E	F	IRL	I	L	NL	A	P	FIN	S	UK	EU
Kampf gegen Armut und soziale Ausgrenzung	31	22	41	48	50	32	32	55	29	12	27	18	3	25	24	37
Unterstützung wirtschaftlich schwacher Regionen	47	39	40	46	45	10	48	34	44	32	28	23	19	26	26	31
Umweltschutz	28	11	41	41	44	34	8	43	30	37	3	0	-17	5	8	31
Landwirtschafts- und Fischereipolitik	36	10	27	16	28	10	4	22	11	15	-19	-8	-48	-14	-11	14
Aufnahme von Flüchtlingen	28	-41	-1	27	31	25	-27	45	-6	20	-33	-7	-66	-38	-22	10
Kampf gegen Arbeitslosigkeit	9	-26	12	39	16	7	6	43	-12	-15	10	-5	-33	-5	-20	9
Regelungen zum politischen Asyl	25	-28	-11	34	34	14	-16	44	7	21	-35	-13	-41	-20	-26	6
Einwanderungspolitik	21	-33	-16	30	32	9	-24	38	-9	20	-39	-21	-68	-34	-33	1
Kulturpolitik	-9	-64	-9	7	19	-5	-26	21	-13	-25	-31	-31	-30	-50	-13	-5

Fortsetzung auf der nächsten Seite

Fortsetzung von Tab. A 18

	B	DK	D	GR	E	F	IRL	I	L	NL	A	P	FIN	S	UK	EU
Verhinderung von Jugendkriminalität	-16	-48	-1	41	27	-19	-18	22	-8	-20	4	-13	-31	-43	-42	-6
Verhinderung von Kriminalität in den Städten	-16	-51	-12	-34	9	-23	-16	-4	-10	-31	11	-27	-14	-41	-45	-16
Grundregeln für Rundfunk, Fernsehen und Presse	-11	-51	-23	9	-11	-15	-8	-1	-1	-27	-37	-39	0	-52	-27	-18
Justiz	-22	-70	-26	-2	1	-21	-22	4	-28	-4	-47	-41	-51	-53	-37	-20
Gesundheits- und Sozialwesen	-27	-66	-22	36	-7	-41	-22	5	-38	-41	-39	-32	-77	-79	-30	-22
Bildungs- und Erziehungswesen	-41	-46	-26	10	-12	-28	-30	6	-44	-48	-35	-43	-57	-38	-50	-25
Polizeiwesen	-41	-44	-27	-4	-9	-30	-32	-10	-34	-33	-48	-47	-58	-61	-54	-29
Durchschnittliche NU	21	-8	16	34	31	16	9	37	13	12	1	-3	-14	-8	-5	16

Quelle: eigene Berechnungen (EB 56).

Tab. A 19: Netto-Unterstützung von Kompetenzen auf der EU-Ebene: Beitrittsländer (Herbst 2001)

„Finden Sie, für jeden der folgenden Bereiche, dass Entscheidungen nur durch die (nationale) Regierung oder innerhalb der Europäischen Union gemeinsam getroffen werden sollten, sobald (jeweiliges Land) Mitglied wird?"

(Index der Netto-Unterstützung; Reihenfolge nach dem Durchschnitt aller Beitrittsländer)

	BU	ES	LE	LI	MA	PO	RU	SK	SN	TR	TÜ	UN	ZY	BL
Kampf gegen internationalen Terrorismus (nicht gefragt)	-	-	-	-	-	-	-	-	-	-	-	-	-	-
Kampf gegen Menschenhandel und die Ausbeutung von Menschen	73	74	82	75	29	73	75	77	72	77	14	68	73	52
Kampf gegen Drogen	70	66	80	73	25	74	73	74	66	75	12	67	66	51
Informationen über die Europäische Union, ihre Politik und ihre Institutionen	67	65	68	63	37	57	71	74	65	64	16	64	77	47
Forschung in Wissenschaft und Technik	46	51	71	49	36	57	51	72	66	63	23	57	88	44
Humanitäre Hilfe	50	52	63	57	26	58	70	59	56	57	12	52	75	43
Kampf gegen das organisierte Verbrechen	59	65	76	63	16	73	74	75	66	79	-11	67	61	43
Unterstützung wirtschaftlich schwacher Regionen	25	43	50	41	31	61	58	61	50	28	21	46	68	41

Fortsetzung auf der nächsten Seite

Fortsetzung von Tab. A 19

	BU	ES	LE	LI	MA	PO	RU	SK	SN	TR	TÜ	UN	ZY	BL
Kampf gegen Arbeitslosigkeit	18	38	38	36	9	56	50	58	56	43	25	40	65	40
Kampf gegen Armut und soziale Ausgrenzung	24	39	45	39	25	45	58	67	54	46	23	38	72	39
Umweltschutz	22	26	23	20	11	40	47	25	31	46	-14	44	50	21
Gesundheits- und Sozialwesen	-1	16	31	15	-15	25	48	12	24	14	15	2	59	21
Verhinderung von Jugendkriminalität	-3	13	41	11	2	34	46	20	41	18	-4	21	43	18
Verhinderung von Kriminalität in den Städten	-17	-8	39	-6	-9	29	38	-27	39	10	-3	25	26	13
Regelungen zum politischen Asyl	21	8	12	25	-12	28	52	10	18	13	-15	-2	38	12
Einwanderungspolitik	27	9	11	37	-10	30	57	22	2	30	-21	-7	28	12
Bildungs- und Erziehungswesen	-24	1	24	-7	-1	11	23	29	39	32	4	-8	16	9
Aufnahme von Flüchtlingen	7	-5	3	25	-11	-19	46	12	13	8	-11	-5	31	8
Landwirtschafts- und Fischereipolitik	-6	-2	1	4	-22	29	28	5	23	10	-18	13	56	7
Grundregeln für Rundfunk, Fernsehen und Presse	-8	-2	-21	-19	-48	-20	23	-30	8	-15	2	3	31	-4

Fortsetzung auf der nächsten Seite

Fortsetzung von Tab. A 19

	BU	ES	LE	LI	MA	PO	RU	SK	SN	TR	TÜ	UN	ZY	BL
Justiz	-23	-9	4	-2	-18	8	15	10	23	13	-25	-13	-12	-5
Polizeiwesen	-29	-15	0	-19	-24	18	13	3	14	0	-43	-6	-13	-11
Kulturpolitik	-17	-38	-25	-22	-28	-16	24	-23	4	-23	-31	-12	-7	-16
Durchschnittliche NU	17	22	33	25	2	36	47	31	38	31	-1	25	45	22

Bulgarien (BU), Estland (ES), Lettland (LE), Litauen (LI), Malta (MA), Polen (PO), Rumänien (RU), Slowakei (SK), Slowenien (SN), Tschechische Republik (TR), Türkei (TÜ), Ungarn (UN), Zypern (ZY); Durchschnitt aller Beitrittsländer (BL)

Quelle: eigene Berechnungen (KLEB 2001.1).

In dieser Reihe sind bereits erschienen:

Band 1:

Wilfried Loth:
Entwürfe einer Europäischen Verfassung.
Eine historische Bilanz

Wilfried Loth untersucht die wesentlichen Entwürfe einer europäischen Verfassung der letzten 5 bis 6 Dekaden, ohne die Geschichte der europäischen Integrationsbemühungen in ihren Einzelheiten nachzuzeichnen. Der Autor arbeitet hierbei strukturelle Probleme der europäischen Verfassungsdebatte heraus und leitet Schlussfolgerungen für die Gegenwart ab. Geboten wird eine historische Bilanz, die deutlich macht, worauf bei der heutigen Debatte über eine europäische Verfassung geachtet werden muss. In einem Dokumententeil werden zudem die wichtigsten Vorschläge zur europäischen Verfassung seit dem Beginn des europäischen Einigungsprozesses im Wortlaut wiedergegeben.

Band 2:

Waldemar Hummer:
Der Status der EU-Grundrechtecharta.
Politische Erklärung oder Kern einer europäischen Verfassung?

Waldemar Hummer untersucht aus rechtswissenschaftlicher Perspektive den Status der in Nizza proklamierten Grundrechtecharta, eine Frage die im Lichte der dort verabschiedeten Erklärung über die Zukunft der Union an Bedeutung gewonnen hat. Im Zentrum der Studie Hummers steht die Frage der gegenwärtigen sowie der künftigen Verbindlichkeit. Ist die Grundrechtecharta nur eine politische Erklärung, oder kann sie den Kern einer europäischen Verfassung bilden?

Band 3:

Daniel Göler: Die neue europäische Verfassungsdebatte.
Entwicklungsstand und Optionen für den Konvent

Daniel Göler untersucht aus politikwissenschaftlicher Sicht den Verlauf der „neuen Verfassungsdebatte" von der Humboldt-Rede Joschka Fischers bis zum Abschluss der ersten Phase des Europäischen Konvents. Im Mittelpunkt stehen hierbei die in den letzten Jahren zur Diskussion gestellten Reformvorschläge, die Frage einer europäischen Verfassung sowie die Konventsmethode als Instrument zur Vorbereitung der nächsten Vertragsreform. Geboten wird eine inhaltliche Bilanz, die die Fülle der vorhandenen Beiträge strukturiert und die zentralen Problemfelder der aktuellen Diskussion verdeutlicht.